CÓMO COMUNICARSE CON ESPÍRITUS

Efectivas Maneras para Hablar y Conectar con el más Allá

FRANCE ROMERO

© **Copyright 2022 – France Romero - Todos los derechos reservados.**

Este documento está orientado a proporcionar información exacta y confiable con respecto al tema tratado. La publicación se vende con la idea de que el editor no tiene la obligación de prestar servicios oficialmente autorizados o de otro modo calificados. Si es necesario un consejo legal o profesional, se debe consultar con un individuo practicado en la profesión.

- Tomado de una Declaración de Principios que fue aceptada y aprobada por unanimidad por un Comité del Colegio de Abogados de Estados Unidos y un Comité de Editores y Asociaciones.

De ninguna manera es legal reproducir, duplicar o transmitir cualquier parte de este documento en forma electrónica o impresa.

La grabación de esta publicación está estrictamente prohibida y no se permite el almacenamiento de este documento a menos que cuente con el permiso por escrito del editor. Todos los derechos reservados.

La información provista en este documento es considerada veraz y coherente, en el sentido de que cualquier responsabilidad, en términos de falta de atención o de otro tipo, por el uso o abuso de cualquier política, proceso o dirección contenida en el mismo, es responsabilidad absoluta y exclusiva del lector receptor. Bajo ninguna circunstancia se responsabilizará legalmente al editor por cualquier reparación, daño o pérdida monetaria como consecuencia de la información contenida en este documento, ya sea directa o indirectamente.

Los autores respectivos poseen todos los derechos de autor que no pertenecen al editor.

La información contenida en este documento se ofrece únicamente con fines informativos, y es universal como tal. La presentación de la información se realiza sin contrato y sin ningún tipo de garantía endosada.

El uso de marcas comerciales en este documento carece de consentimiento, y la publicación de la marca comercial no tiene ni el permiso ni el respaldo del propietario de la misma.

Todas las marcas comerciales dentro de este libro se usan solo para fines de aclaración y pertenecen a sus propietarios, quienes no están relacionados con este documento.

Índice

Introducción	vii
1. Los médiums como transmisores	1
2. Prácticas para establecer contacto	23
3. Contacto con tus guías espirituales	55
4. Prácticas de comunicación silenciosa y consciente con los espíritus	77
5. Reflexiones para mejorar tu práctica de comunicación	101
6. Técnica de canalización por psicometría	111
7. Técnica del trance	127
8. ¿Qué pasa después de tener éxito comunicándote con espíritus?	137
9. Beneficios que obtuvimos a partir de la práctica	149
Conclusión	161

Introducción

El comunicarte con espíritus es una habilidad dentro de la rama tan compleja y con tantas variaciones que es la psíquica. Esta habilidad es sumamente rara y difícil de poseer de manera innata, pero esto no quiere decir que no pueda desarrollarse. La psíquica está sumamente conectada con el más allá y otras dimensiones, por lo que, generalmente, requiere del encuentro con un guía espiritual.

Existen personas que confunden a esta habilidad, comúnmente llamada mediumnidad, con otro tipo de habilidades psíquicas como lo es la telepatía. Un psíquico es una persona con sentidos internos sumamente fuertes, sin un estímulo físico; por otro lado, un médium se encuentra en un nivel más desarrollado, al mantener una dimensión adicional dentro de sus capacidades cuando entra en contacto con los espíritus.

Los médiums requieren uno o varios guías espirituales, situación que para las demás habilidades psíquicas no es necesaria porque pueden realizarse de manera individual. Esto, además de ser una actividad que puede llegar a ser lucrativa, pero que principalmente busca ayudar a otras personas a encontrar paz, es una relación íntima y personal con seres espirituales.

Esta relación es lo que mejor explica la capacidad de comunicación con espíritus. Un médium es un transmisor, un medio de comunicación de mensajes entre espíritus y humanos. Estos mensajes, como veremos más adelante, no son necesariamente verbales, porque pueden presentarse en forma de adivinación, visiones, escritura automática y muchos otros fenómenos comunicativos. Es sumamente importante recordar y considerar que el origen de estos mensajes es espiritual, y que el médium únicamente funge como mensajero en el plano terrestre.

Existen personas muy famosas dentro del ámbito de procedimientos espirituales, como las hermanas Kate y Maggie Fox, reconocidas por sus lecturas espirituales llenas de vibraciones y golpeteos sobre la mesa. Estas hermanas, durante el siglo XIX, compartieron su talento de comunicación espiritual, e inventaron la forma de comunicación en la que se golpea una sola vez para decir que sí y dos veces para decir que no; que actualmente es tan famosa e importante para las investigaciones paranormales y la industria del entretenimiento.

Estos golpeteos pueden ser sumamente suaves y cuidadosos o ruidosos y estridentes, dependiendo de la intención y personalidad de los espíritus que busquen comunicarse. Incluso, los golpeteos se utilizan de una manera en la que tú como médium golpeas en la pared o el piso para comunicarte con espíritus y éstos te responderán con un golpe de vuelta.

Las hermanas Fox fueron tan populares que esta fama les creó problemas de suma atención y falta de privacidad, por lo que, si bien no era cierto, tuvieron que informar a los medios que los golpeteos eran falsos, eran sonidos que ellas mismas hacían y que todo el proceso era inventado.

Por otro lado, Edgar Cayce fue un gran y famoso clarividente, reconocido por saber canalizar a su propio ser elevado y a otro tipo de espíritus. Exploraremos más a fondo la clarividencia en los capítulos que vienen, pero ésta es la habilidad para conectar con el mundo espiritual por medio de la vista y la conexión con el tercer ojo, que permite observar al mundo espiritual. A pesar de lo increíble que suena, es una de las habilidades psíquicas más comunes. Cayce también era capaz de experimentar la mediumnidad de trance.

Introducción

Saber y reconocer todas estas experiencias puede ayudarte a identificar si posees estos dones. Puede que tengas un don para ser médium, y eso explique tu curiosidad por comunicarte con los espíritus.

De ser así, las páginas de este libro te ayudarán a entender de qué trata todo el proceso y ayudarte a desarrollar todas estas habilidades.

No tengas miedo de comunicarte con los espíritus.

Contrario a lo que te pudieron haber hecho pensar, no es un proceso tenebroso u oscuro sino bello y pacificador, pues constantemente encontrarás espíritus que buscan enviar mensajes a los seres queridos que siguen en el plano terrenal con nosotros.

1

Los médiums como transmisores

Imagina que tú sabes lenguaje de señas, y una persona que no es capaz de hablar te pide que transmitas un mensaje importante para comunicar a algún familiar o amigo: esto es básicamente lo que hace un médium, simplemente entrega un mensaje.

La diferencia radica en que, el mensaje que transmite el médium, proviene de aquellas personas que radican en el plano físico, sino que llega desde aquellos en el mundo espiritual.

La tarea del médium es identificar todos los pensamientos que llegan desde otro plano, que no les pertenecen pero que, de alguna manera, llegan a su mente.

. . .

Así, utilizando toda la energía que tengan dentro de ellos (podríamos intuir que es un proceso sumamente agotador), los espíritus se esfuerzan por hablar con estas personas a través de sus sentidos: podríamos pensar que lo que sucede es la creación de un puente de energía entre ambos planos, físico y espiritual.

Puede que los médiums sean psíquicos, pero definitivamente no todos los psíquicos tienen la capacidad de ser médiums. Esto se debe a que los psíquicos proporcionan lecturas intuitivas provenientes de habilidades específicas, como la clarividencia, clarisentencia o clariaudiencia, lo que les permite sintonizar con el campo de energía del cliente para hacer lecturas y generar información de cierta manera certera para lograr ayudar al cliente a encontrar tranquilidad durante su propio viaje.

Esto no es lo mismo que lograr hablar con almas en el mundo espiritual. Leer campos de energía no desarrolla en sí las habilidades de médium, aunque posiblemente muchos psíquicos las tengan y elijan no desarrollarlas por diversas razones propias. Y es que, en realidad, el hablar con los muertos es únicamente un pequeño aspecto de todo lo que significa ser médium: sucede que se genera la capacidad de canalizar mensajes de seres elevados.

Canalizar estos mensajes significa que en algún momento puedes estar simplemente hablando con alguien y recibir un mensaje que debas comunicar: puede pasar que te des cuenta o no, notando este suceso únicamente por la cara que ponen las personas con las que te encuentras en ese momento, como si no pudieran creer lo que está pasando, con asombro o incluso incredulidad. Lo aconsejable entonces es preguntarle a esta persona lo que acabas de decir.

Este proceso puede sonar increíble, complicado o incluso terrorífico, pero el adquirir la experiencia necesaria te permitirá ser guiado/a por espíritus, confiando en que ellos te permitirán comunicar sus necesidades. Canalizar es, entonces, crear canales. Los canales sirven para acceder a estos lugares elevados y comunicar mensajes de seres como maestros profesionales ascendidos, guías espirituales, arcángeles e incluso seres supremos. Esta información, entonces, se canaliza para generar un bien.

Por otro lado, también existen diferentes niveles en las capacidades de los médiums. Es por esto que es sumamente importante que, si quieres intentar desarrollar estas habilidades, te rodees de un círculo cercano de desarrollo, para practicar estas habilidades.

Este círculo te permite rodearte de otro tipo de médiums, compartir experiencias o deseos y así, sentirte apoyado/a por el grupo durante tu proceso.

Este camino también presenta diferentes beneficios:

1. Revelación

Existen algunas verdades espirituales, que pueden referir a lo divino, la inmortalidad o mortalidad del alma, leyes universales, conciencia continua y pruebas de la vida después de la muerte. Las revelaciones ayudan a develar este tipo de verdades, y deshacerte de dudas mediante pruebas. Por otro lado, a pesar de que los espíritus y la capacidad de comunicarte con ellos pueda acercarte a estas verdades y leyes, hay otras maneras de conocerlas; es posible también apoyarte en la investigación y leer, por ejemplo, el libro Kybalión, en donde se encuentran las leyes universales del hermetismo.

2. Curación

El proceso de curación más fuerte es cuando se logran proporcionar pruebas de la vida después de la muerte a aquellas personas que se encuentran dentro de un proceso de duelo después de la pérdida de algún ser amado.

Una lectura por parte de un médium (dejando de lado la religión y la filosofía, sino simplemente transmitiendo mensajes sobre el mundo espiritual y su conexión con el mundo físico), puede ayudar a sobrellevar las pérdidas, pero también obtener información sumamente importante, como advertencias sobre problemas de salud o seguridad.

3. Karma

A pesar de que hay muchas personas que no creen en esto, se piensa que la deuda kármica en vidas pasadas se puede balancear mediante la decisión de volverte médium durante el proceso de ser espíritu antes de nacer y regresar al plano humano. Esto sucede ya que los médiums aceptan de manera incondicional y compasiva estar al servicio de otros, y, por tanto, incrementar la conciencia global, reparando el daño hecho.

4. Habilidad mental o probatoria

Esta es una manera sumamente común de volverse

médium o comenzar a intentarlo. Esto se realiza durante una conversación activa con un espíritu: no hay necesidad de entrar en trance, esto no sucede. Este tipo de habilidad de médium se ve constantemente en la televisión, videos y los medios de comunicación; es un proceso que no genera ectoplasma, sonidos externos ni divisiones, con una evidencia única: hechos directos comunicados en un lenguaje que el médium puede comprender.

5. Habilidad física

Esto permite a los asistentes atestiguar manifestaciones físicas de la comunicación con los espíritus, por lo que este tipo de habilidad de médium es sumamente espectacular. Esto se practica bajo el método del trance profundo, en donde los médiums entran en un proceso de trance, produciendo fenómenos físicos que otras personas ven y sienten, pero de los que ellos no están conscientes, como el ectoplasma, vientos, sonidos de golpeteos y voces o gritos. No es una habilidad muy practicada, porque llega a ser sumamente agotadora.

La evidencia más esperada y más difícil de generar es el lograr producir una aparición. Este tipo de habilidad es difícil de generar y, para la mayoría, se necesita un cúmulo de años de práctica para alcanzar este tipo de capacidad.

· · ·

Por ejemplo, dentro del trance hay diferencias: un médium físico es capaz de entrar a un nivel de trance sumamente profundo, mientras que un médium en trance sin esta capacidad no es capaz de producir fenómenos físicos y simplemente pierde el control.

6. Experiencias

Hay algunas personas que nacen con talento para ser médium, y esto es porque su percepción aguda se encuentra abierta desde temprana edad, situación que no muchas personas comprenden. En niños, puede parecer como jugar con seres imaginarios o no entender por completo las dinámicas del mundo en el que se está.

Existen niños, por otro lado, que perciben como algo muy normal el ver espíritus, sin ser realmente conscientes de lo que son, y por lo que al crecer probablemente no encontrarán respuestas adecuadas a las capacidades que tienen.

Existen otro tipo de personas, llamadas empáticos, que son capaces de detectar las energías de otros; es decir, sentir emociones y flujos de otros con tanta facilidad que se apropian de ellas, y las interpretan como suyas.

· · ·

Incluso hay experiencias en las que, generalmente con familiares cercanos, los empáticos pueden llegar a comunicarse por telepatía; no en el sentido literal, sino transmitiendo emociones y pensamientos, incluso sabiendo a qué se refiere la otra persona con la que se habló antes de hablarlo.

Esta habilidad puede resultar contraproducente si no se maneja bajo conocimientos y apoyo adecuados, porque es posible llegar a creer que no es posible hacer algo respecto a lo que llegan a percibir y que no son capaces de controlar, lo que provoca sentimientos de desamparo y tristeza.

Puedes no creerlo, pero todos nacemos con dones únicos y habilidades especiales que, puede que no se desarrollen, pero de ser así, ayudarán a cada sujeto a crecer y desarrollarse de manera plena y consciente. Cualquiera de nosotros puede experimentar algún fenómeno sobrenatural de diferentes maneras, incluso hay personas que nacen con el tercer ojo abierto de manera parcial o completa. Todo esto dependerá del contexto de cada uno y los dones que se hayan heredado en vidas pasadas.

. . .

Es posible para estas personas con dones sumamente explícitos el comprender o analizar lo que les sucede, hasta que experimentan eventos aún más intensos. Esto explica, por ejemplo, los casos de niños que a temprana edad ven espíritus, y no saben distinguir a los vivos de los muertos. Así, es posible que lo desconocido asuste, pero es posible aprender a cerrarse a la experiencia canalizando energías provenientes de otras fuentes para crear algún tipo de escudo; podría servir, por ejemplo, escuchar música.

Algo más que puede suceder es el tener visiones que llegan a nosotros a manera de sueños, pero incluso puede suceder que tengamos estas visiones estando despiertos. Generalmente, éstos son maestros espirituales, ángeles o seres elevados, manifestándose como personas desconocidas, familiares o amigos hablándote y proporcionando guías o cuestionamientos.

Es normal cerrarse a la experiencia o luchar contra ella cuando no se comprende lo que hay detrás, y esto no se supera hasta que has encontrado pruebas de que ésta es completamente diferente a lo que viven los demás. Puedes comenzar a comprender y mejorar tus habilidades llevando un diario: escribe qué sueñas y cómo experimentas, analizando símbolos y mensajes que lleguen a ti en sueños para poder interpretarlo, lo que también te permitirá dominar tus saberes.

. . .

La manera de nombrar a las experiencias espirituales es distinta de acuerdo a cada persona: algunos les llaman inspiración, mientras que otros consideran el término de "revelación del conocimiento". En todo caso, es un proceso que permite acceder a la inteligencia elevada que existe en el mundo espiritual. Contrario al proceso de separación y calificación como bueno/malo generado por la mente dominada por el ego, la consciencia elevada percibe únicamente amor, sanación y entereza.

¿Quieres transmitir mensajes y ser testigo/a de los espíritus? La mejor manera para lograrlo, es convirtiéndote en médium. Es una responsabilidad enorme, pero trabajar esta habilidad te permitirá experimentar con el conocimiento sobrenatural, sentir las experiencias paranormales como propias y obtener mensajes, que pueden estar dirigidos a ti y otras veces a otras personas.

Independientemente de cómo se les llame a estos mensajes (del cosmos, del universo, de espíritus o de Dios), todo se basa en la canalización o mediumnidad. Es una dinámica de transmitir mensajes a aquellos que necesitan recibirlos; ya sea que provengan de seres que necesitan comunicarse con los seres amados que dejaron al morir, o guías y advertencias de algún ser elevado.

. . .

Desarrollar estas habilidades permite obtener una muy buena oportunidad para lograr conectar a aquellos que perdieron a sus seres amados, ayudándoles en el proceso de sanación de duelo. Hay personas a las que de verdad les beneficia (o podría beneficiarles) obtener sanación contactando a aquellos que ya no están a través de un médium. Por otro lado, existe gente que intenta esto, pero únicamente para ver si es un engaño o no, pero esto imposibilita la sanación, porque al no liberar el control ni abrirse a la experiencia, se bloquea el proceso.

Incluso teniendo las pruebas necesarias, lo más recomendado es estar abierto/a y listo/a para todo lo que pueda pasar, porque incluso el miedo puede bloquear los caminos de la sanación. También hay que tomar en cuenta que los espíritus ven más allá de lo que nosotros como seres terrenales vemos, así que saben atender las necesidades de aquellos que acuden a hacerles un llamado.

Estas canalizaciones son una excelente oportunidad no solo para mostrar a otros que existen otros mundos, otras realidades y que la vida después de la muerte es posible, pero también para conocerte a ti mismo/a y estar más en contacto con tu interior. Es sumamente importante tener preparación, y aún más cuando se debe estar en sintonía con otros.

Este proceso te ayudará también a identificar la energía de las personas y rodearte de aquellos que tienen una mente abierta a estas prácticas, pero también un flujo de energía tranquilo y positivo. Esto es porque las lecturas están también condicionadas a la energía presente en el momento; las personas, cuando identifican la capacidad de canalización, envían señales de energía al mundo espiritual de manera inconsciente. Si estas personas son receptivas al proceso, envían señales que reúnen a las almas que necesitan comunicarse con sus seres amados.

Por otro lado, también existen diversas categorías de mediumnidad. Para las que refieren a procesos principiantes, incluso veremos algunos pasos sencillos a seguir para comenzar a practicar tus habilidades. Comenzaremos desde lo más sencillo hasta lo más complicado.

1. Médium de golpeteos

Pertenecen al grupo de médiums físicos y refiere a aquella persona que, de manera voluntaria o involuntaria, es capaz de producir de manera indirecta ruidos, golpeteos o golpes. Los principiantes pueden practicar este tipo de ejercicios: para comenzar, necesitarás una vela blanca (especialmente si no eres familiar a la oscuridad), cerillos o un encendedor, papel, lápiz o pluma.

Lo primero que debes hacer es establecer una intención para tu práctica, pronunciando una oración de protección. Existen varias opciones, pero puedes utilizar la siguiente:

"Dios padre, te agradezco por esta oportunidad en la que me permites comunicarme con el mundo no visible. Por favor, rodéame con un círculo blanco de protección durante este ejercicio.

Sólo permite que los espíritus de las vibraciones elevadas y amor se comuniquen conmigo, a menos que quieras que contacten con espíritus terrenales. Gracias por mantenerme a salvo de todo daño, de todo mal y del peligro. Así sea. Amén".

Esto es una sugerencia, ya que incluso puedes construir una oración tú mismo. Por eso es importante que previamente establezcas una intención, decir una oración de amor antes de cada ejercicio puede ser un buen proceso.

. . .

Aquí viene un ejemplo de cómo se puede desarrollar un ejercicio sencillo de canalización física:

1. Comienza estableciendo tus buenas intenciones.
2. Expresa en voz alta la instrucción de golpear dos veces para decir sí y una vez para decir no
3. Golpea en la mesa, el suelo, la pared, o en donde puedas, presentando el patrón de comunicación de la misma manera que como lo estableciste.
4. Respira profundamente tres veces seguidas, relájate e intenta concentrarte en el proceso que vas a iniciar.
5. Ahora, enuncia la instrucción y ejemplifícala al mismo tiempo. Di en voz alta "golpea dos veces para sí", e inmediatamente, golpea dos veces alguna superficie. De la misma manera, di "golpea una vez para no" y ejemplifica de nuevo el movimiento, respirando profundamente después de golpear la superficie de tu elección.
6. Realiza una pregunta, puedes hacerlo de manera mental o en voz alta. Sé paciente al esperar tu respuesta.
7. Puede que ya hayas hecho este ejercicio anteriormente, en tu otra vida. De ser así, escucharás un golpe de manera inmediata. De

lo contrario, solo debes intentar desarrollarlo y continuar con la práctica.
8. De llegar a hacer contacto, es importante que continúes con el mismo estilo de comunicación: hacer una pregunta cerrada y esperar a la respuesta. En caso de no establecer contacto, no te preocupes.
9. Registra el tiempo que has utilizado antes de cerrar el círculo de comunicación.
10. Al cerrar el círculo debes agradecer a los espíritus por acudir a tu llamado y hacer posible tu práctica, esto es importante incluso aunque no hayas hecho contacto alguno, porque es una manera en la que muestras tu respeto por el mundo espiritual.

2. Médium de trance

Estas personas son capaces de conectar con espíritus denominados "guías de control" que fungen como un tipo de guardaespaldas para el médium y siguen las reglas establecidas para permitir que un espíritu hable a través de ti.

Hay dos maneras de experimentar el proceso: entrando en un estado pasivamente alterado, como lo es la meditación, para llegar al trance o, por otro lado, entrando en un trance profundo. Sin embargo, estos procesos son más especializados y toma más tiempo dominarlos.

3. Médium que experimenta alucinaciones

También es un tipo de médium de trance, sin embargo, es mucho más especializado porque la persona que domina este tipo de mediumnidad tiene la capacidad de cambiar su rostro al rostro de la persona difunta con la que se comunica, debido al ectoplasma de varias partes de su cuerpo, lo que facilita las apariciones y manifestaciones visibles.

Es importante recalcar que, en este estado, el médium físico que intenta una experiencia de este tipo, lo hace solo bajo la presencia de otro médium supervisando, que pueda ayudar después al médium físico, ya que este proceso requiere de una gran cantidad de energía y se requiere (y recomienda ampliamente) mucho descanso después.

4. Médium de rescate

Existen espíritus que no han sido capaces de cruzar al más allá por distintas razones, y se dedican a caminar sobre la tierra de manera indefinida: este tipo de espíritus son llamados terrenales. Un médium de rescate tiene la habilidad de ver y comunicarse con este tipo de espíritus, por lo que se dedica a ayudar a estos espíritus a "cruzar hacia la luz" y así llegar al plano astral que les corresponde. Seguro has escuchado de este tipo de médiums, ya que es un concepto muy común en los programas y series televisivas.

5. Médium de voz y música

Estos son dos tipos de habilidades físicas de las que es importante hacer una distinción, a pesar de que funcionan de manera parecida. La mediumnidad de voz directa permite al individuo reproducir las voces de los espíritus de manera audible, incluso sin mover los labios. Sin embargo, la voz directa es capaz de producir incluso efectos musicales: esto se logra permitiendo al espíritu utilizar las cuerdas vocales del médium.

Puede que a este punto seas escéptico/a de esto, incluso, el escéptico más grande es aquella persona que se da cuenta por primera vez que tiene la capacidad de ser un médium. Es un cambio completo de realidad (e incluso de vida) el darte cuenta de que tienes una habilidad especial que te permite comunicarte entre el mundo físico y espiritual, así como existir en ambos. Es necesario entonces que el médium se supere primero a sí mismo y acepte esta nueva realidad.

Darse cuenta de estas habilidades transforma las prácticas, las lecturas y las formas de comunicación en pruebas regidas por el método científico, buscando una respuesta concreta a la pregunta: ¿cómo es esto posible? Pero lo mejor es practicar la aceptación, que, por supuesto, tomará tiempo y trabajo, así que debes relajarte, aceptar los retos que representa el prepararte de manera adecuada y recordar que esta es una habilidad que te trasciende.

Te servirá, si logras desarrollar estos procesos, prestar más atención a las experiencias vividas, tomarlas en serio.

Debes comenzar a considerarte a ti mismo/a como médium, valorar tus habilidades y recordar tu papel: eres ahora una entrada al mundo espiritual, tu rol es ayudar a las personas del plano físico a comunicarse con el plano espiritual. Claro que es una gran responsabilidad, ya que debes canalizar la energía que fluye a través de ti y ayudar a aliviar la carga espiritual de las personas en duelo, por lo que no te presiones mucho y asegúrate siempre de estar en contacto con algún profesional que te ayude a lidiar con el proceso de cambio.

Se nos ha enseñado, a través de películas, series, historias y demás, que las habilidades de médium son algo que debería dar miedo, algo muy peligroso que sin duda te conducirá a establecer contacto con espíritus malignos.

No te guíes por estos engaños e información no acertada, porque crearás en ti bloqueos que no permitirán tu acceso a la conciencia profunda de la sanación.

Claro que es posible encontrar espíritus sin buenas intenciones, pero, por lo general, el contacto se establece con propósitos de sanación, bajo un proceso de amor y empatía que no debe ser observado con miedo o desconfianza.

Por otro lado, también se ha representado a los médiums en películas, programas de televisión y otro tipo de medios como personas malévolas, que se aprovechan de las energías negativas para generar males o simplemente chantajistas. Este libro no te conducirá a nada de lo que las películas representan, al contrario: la mediumnidad es un regalo, un nuevo camino para la sanación.

Con este libro te quiero enseñar que, a pesar del miedo y la desconfianza que nos han enseñado, la mediumnidad es amor, un regalo para el universo porque acerca a las personas a hablar con los seres amados que perdieron en el camino, un regalo que permite a los espíritus sanar sus asuntos inconclusos y tranquilizar a las personas que se quedaron.

¿Alguna vez has sentido miedo a morir? ¿Hay alguna razón por la que no quisieras ir al más allá? Reflexionando estas preguntas podrás darte cuenta de por qué algunos espíritus se niegan a cruzar, y como estas puede haber muchas otras razones por las cuales aferrarse al plano terrenal: existen espíritus con miedo de ir al infierno, miedo a que los seres que aman no logren superar la pérdida o no puedan estar bien en algún sentido (económico, mental, laboral), o también existen aquellos que en realidad no son conscientes de que han muerto.

Y esto pasa no solo en el mundo espiritual, sino también en el físico: tenemos muertos vivientes entre nosotros, personas que han perdido la fe, la esperanza y el amor, y muchas veces, esto se debe a la ausencia de un ser amado.

La labor del médium es también ayudar a sanar esta alma, como si fuera una inyección de energía que necesitara el chakra del corazón urgentemente, para lograr despertar en las almas perdidas un sentido de propósito.

Muchos dicen que el tiempo cura todas las heridas, pero para algunas personas esto no sucede, y una pérdida representa para ellas un sentimiento de desesperanza, incluso de vacío, como si su corazón no latiera más. Y esto es sumamente peligroso, porque las personas siguen así, se acostumbran a este sentimiento e ignoran que muy dentro de ellas, no hay podido superar el dolor que la pérdida les generó.

Como médium, puedes crear un puente que ayude a estas personas a recuperar su vida, mediante la sanación de estas heridas tan profundas. Es una responsabilidad importante, ¿estás listo/a para ayudar a los demás a curar estas heridas? ¿Podrás asumir el compromiso de comunicarte con los espíritus?

2

Prácticas para establecer contacto

COMO SE ESTABLECIÓ PREVIAMENTE, a pesar de que un médium pertenece a los psíquicos, no todo psíquico se puede convertir en médium. Un médium aprende a desarrollar con consciencia sus habilidades *clarus* (raíz latina para claro): clarividencia, clariaudiencia y clarisentencia. Hay muchas otras, pero estas 3 son las principales que evidenciarán si una persona es apta o no para convertirse en médium.

Es necesario entonces comprender el sentido no físico que estarás utilizando para comenzar a desarrollar tus habilidades físicas, porque no serás capaz de acceder al mundo espiritual de una buena manera si antes no eres capaz de dominar tu sentido psíquico, descubriendo aquel en el que tienes una mayor fortaleza.

· · ·

Solo haciendo esto podrás comenzar a conectar con planos elevados, ya que hacerlo sin consciencia no te permitirá aprovechar de la mejor manera las habilidades que desarrolles, y, por tanto, tus experiencias no serán ni comprensibles ni completamente reales desde tu percepción.

Dominar los sentidos psíquicos es difícil, en especial para aquellos principiantes, de recién ingreso al vasto mundo de la comunicación con espíritus. De igual manera, es necesario tener un conocimiento previo bajo el que puedas identificar el área dentro del espectro de sentidos psíquicos en la cual te encuentras y comprender lo que será más fácil de dominar para ti, así como lo que requerirá un mayor esfuerzo y práctica.

Tus sentidos físicos se rigen por un órgano específico que les permite cumplir su labor: la vista a través de los ojos o el olfato a través de la nariz, por ejemplo. Lo mismo sucede para los sentidos de claridad, con la diferencia de que son sentidos psíquicos, que van más allá del mundo físico y se rigen bajo el uso de, por ejemplo, los ojos del alma o el tercer ojo.

· · ·

Son sentidos mucho más amplificados, que, al ser desarrollados te permitirán obtener información detallada y precisa. A pesar de que todas las personas tenemos la capacidad de desarrollar y utilizar los sentidos de claridad, existen personas que tiene más facilidad que otras para hacerlo.

Puede que haya un sentido de claridad específico que no requiera para ti de mucho esfuerzo para ser utilizado de manera natural, lo que significa que es tu sentido dominante; aun así, es necesaria la práctica para lograr desarrollar de manera completa esta habilidad y los demás sentidos.

Recuerda también un objetivo sumamente importante: aprender a controlar los sentidos de claridad de manera integral, para poder activarlos y desactivarlos siempre que sea necesario. Hemos establecido la gran responsabilidad que es el convertirte en un/a sanador/a, pero no será nada bueno perder tu calma ni tu vida teniendo espíritus alrededor de ti a cada momento, pidiendo tu atención para transmitir los mensajes que más necesiten. Dicho esto, adentrémonos en cada sentido.

. . .

Clarividencia

Esta palabra, de raíces latinas, significa "ver con claridad", es una habilidad que permite ver dentro del mundo espiritual por medio del tercer ojo, y la manera más común en la que se representa son sueños o visiones. Es un sentido que te puede permitir ver lo que le ocurre a alguna persona que se encuentra lejos de ti, sin estar contextualizado/a al respecto, por ejemplo.

Este sentido psíquico te permite ver energía. Puedes adentrarte más allá del tiempo y el espacio, llegar más allá, al mundo astral, a los espíritus, al futuro y a muchas otras realidades y concepciones que, a simple vista, un humano no reconoce. Estos ámbitos extraordinarios se encuentran bajo el uso del tercer ojo.

Las personas generalmente piensan en psíquicos y los relacionan directamente con clarividentes. Aunque "psíquico" es un concepto aún más amplio, una realidad es que la mediumnidad y la clarividencia entran dentro de éste, aunque son solo dos aspectos pertenecientes, y a pesar de estar relacionados, no es la única habilidad a desarrollar.

. . .

Como una pequeña advertencia, hemos hablado de que este tipo de experiencia puede llegar a cambiar tu realidad y tu vida.

La comunicación con espíritus cambia la manera en la que ves y entiendes lo que está a tu alrededor, el cómo te relacionas con otros y, en general, pueden cambiar tu rumbo y orientarlo a un nuevo y gran propósito; pero también el desarrollar la clarividencia puede llegar a generarte suelos tan vívidos que sean difíciles de olvidar.

Una persona clarividente es, generalmente, una persona con un estilo de aprendizaje visual. Esto significa que comprenden mejor conceptos e ideas transmitidos a través de imágenes, fotografías, videos o cualquier material en formato visual. Esto también aplica al momento de comunicarse con espíritus: las personas con clarividencia son capaces de ver la energía de diferentes maneras, y esto significa que son receptivas a su manifestación mediante luz, colores, imágenes y movimientos.

Entonces, muchas veces, los clarividentes suelen comunicarse y recibir mensajes desde el tramo espiritual mediante imágenes o símbolos; representaciones visuales que puedan comunicar el mensaje que se quiere compartir. Estas representaciones pueden incluso incluir lo que sucederá en el futuro.

. . .

La mejor manera de comenzar es intentándolo, animándote a preguntar a los espíritus lo que deseas saber.

Usar la clarividencia es interpretar las visiones que lleguen a ti para después comunicarlas, y esto puede suceder mediante imágenes, fotografías, símbolos, pertenencias o incluso podrías llegar a escribir estas visiones en papel. Comencemos con algunos ejercicios para desarrollar la clarividencia.

1. La magia de las velas

Este primer ejercicio requerirá de una vela blanca, una habitación oscura y una oración de intención protectora, que podría ser algo como:

"Querido gran espíritu, ser de la gran Madre y de Dios Padre. Por favor rodéame a mí (y a quien esté presente) en un círculo de protección y de amor. Por favor permite que lo que ocurra durante esta lectura sea por el bien mayor de la persona a la que quieras contactar y por el bien de todas las cosas. Deja que se conteste en las preguntas y por favor permite que tu ser amado reciba la sanación que necesita. Así sea, amén".

. . .

Dicho esto, observa la vela para comenzar a estimular a tu tercer ojo y así comenzar a activarlo. Este ejercicio permitirá a la energía fluir a través de tu tercer ojo: observa la vela, después cierra tus ojos manteniendo la imagen de la flama en tu mente.

Puedes practicar esta técnica durante 5 o 10 minutos, y practicar el ejercicio en las mañanas o en las tardes. Entre más prácticas hagas, notarás más cosas (sencillas) que los espíritus te mostrarán a través de la clarividencia.

2. Velas de siete días

La vela de siete días es un tipo de vela especial. Puedes decorarla con diferentes hierbas y especias, como menta, albahaca, canela, madera de sándalo, miel u olíbano. Cada hierba representa un propósito diferente que debes considerar al momento de decorarla, ya que debe ajustarse a tu intención.

Hay dos maneras de comunicar tu pedido al mundo espiritual: escribiéndolo en un pedazo de papel que se coloca bajo la vela, o pronunciando las palabras de tu pedido sobre ella. Antes de ello, debes haber rezado ante la vela primero, estableciendo tu intención durante el rezo. Así, el proceso de desarrollo de clarividencia mediante este tipo de velas funcionará mejor.

La idea es que, después de esto, se encienda y se deje viva la flama hasta que se consuma. Al inicio, deberás sentarte en silencio, poniendo atención a cualquier imagen que veas en la llama de la vela, si se mueve o si llegas a ver imágenes.

Una vez consumida, deberás examinar la cera derretida. Así es como te puedes abrir a recibir las imágenes espirituales, por medio de la vela de 7 días.

Clariaudiencia

Clariaudiencia significa, de manera literal, escuchar de manera clara. Esta es la habilidad de escuchar mensajes del mundo espiritual, es decir, aquello que es inaudible para la gente que no ha desarrollado sus habilidades. Es posible que escuchas mensajes dirigidos a ti o a la persona a la que le proporciones una lectura.

Sin importar que no sea tu sentido dominante, es sumamente necesario que desarrolles este sentido de claridad si estás convencido/a de utilizar tus habilidades psíquicas, ya que los guías espirituales suelen transmitir información por medio de la clariaudiencia. Además de eso, esta habilidad sirve para escuchar los pensamientos de las otras personas, como si hablaran en voz alta, lo que podría llegar a asustar, así que debes ser muy consciente de tus habilidades y la intuición y destreza que comienzas a desarrollar.

Es posible obtener información auditiva de muchas maneras diversas: sonidos como nombres, frases, palabras o letras de canciones, así como sonidos inteligibles. Experimentarás, al comenzar a despertar tu sentido de escucha, diferentes sensaciones que pueden resultar molestas, como, por ejemplo, zumbido en los oídos. Pero poco a poco, y con mucha práctica, comenzarás a escuchar voces en tu mente.

Esta escucha sonará diferente a lo que acostumbras tener en la mente, como si alguien hablara directo en tu cabeza, o como si existiera algún eco dentro de ti (de un plano dimensional diferente, por supuesto). Puedes también llegar a escuchar la voz de alguno de tus seres amados, que dejaron este plano terrenal.

. . .

Puede que no hayas nacido con la clariaudiencia como habilidad nata, pero la práctica permite desarrollar este proceso en ti. Los mensajes se pueden recibir de maneras diferentes y es importante que tomes esto en cuenta para tus prácticas: pueden llegar por medio de tu propia voz (de manera sutil, como si hablases contigo mismo/a en tu mente, sin embargo, seguramente estarás escuchando a tu guía espiritual), aunque esta forma se siente diferente a recibir información al estar en sintonía con tu ser superior.

Por otro lado, es posible que recibas mensajes a través de voces espirituales, que se presentan con voces familiares, como seres amados o conocidos que hayan fallecido, y las podrás escuchar de la misma manera a como lo hacías durante su vida. Otra manera es recibir mensajes mediante sonidos, que pueden ser, por ejemplo, susurros, ruidos, conversaciones o estática, pero también puedes llegar a escuchar tu nombre cuando no haya nadie cerca.

Es importante que, aunque sea "ruido" y no identifiques la fuente física del sonido, lo importante es que aquello que escuches tenga sentido para ti.

· · ·

Finalmente, puedes llegar a escuchar advertencias. Estas ocurren, evidentemente, cuando te encuentras en peligro, por lo que seguro identificarás la voz de alguna persona hablando en voz alta, a pesar de que no haya nadie cerca: puede ser, desde un zumbido hasta un grito.

Todas estas opciones se experimentan de formas diferentes: puedes escuchar con la mente (mediante un proceso subjetivo) o escuchar palabras habladas (un proceso objetivo). El punto de la clariaudiencia es que tienes habilidad para escuchar diferentes frecuencias y su interpretación puede variar.

Escucha subjetiva y objetiva

Es más común que un médium mental escuche de forma subjetiva, es decir, información que parece ser tu propia voz dentro de tu cabeza. Es una experiencia que, de inicios, puede parecer bastante extraña, porque no tienes la seguridad de que aquello en lo que piensas era tu voz o un espíritu comunicándose confito.

Sin embargo, los espíritus te proporcionan información que no podrías saber de ninguna otra manera más que comunicándote con él. Muchas personas reconocen tener diálogos internos con su persona, pero, las habilidades de médium las abren a la inspiración divina, lo que fomenta la comunicación con los espíritus.

A veces es necesario realizar preguntas en voz alta para obtener respuesta, y puede que esto te de miedo, pues personas desde fuera pueden pensar que estás loco/a, creyendo que estás hablando solo/a y que has perdido la razón. Claro que es normal tener miedo a las críticas, pero lo mejor que puedes hacer es enfrentar ese miedo, ya que el mundo exterior probablemente considerará cualquiera de estas prácticas como extrañas de cualquier forma.

En cualquier caso, cualquiera pensará que eres una persona totalmente loca luchando contigo mismo/a, hasta que las pruebas definan lo contrario.

Puede que, durante el contacto, recibas nombres de personas que no conozcas, sin embargo, al mencionarlos puede ser que encuentres a la persona o que alguien más lo reconozca. Incluso, puede que esta información te sea otorgada solo para confirmar la identidad de alguien, cosa que sucede durante las lecturas profesionales. Confía en la información que recibes y trata de tener claridad sobre lo que es compartido contigo.

Una manera mucho más sencilla de realizar la escucha subjetiva es leyendo las cartas del tarot. Esto te permite relajarte, logrando que la información llegue a ti mediante tus sentidos. El tiempo del círculo de desarrollo será importante para fortalecer tu conexión con los espíritus si eliges trabajar de esta manera.

Otra opción que tienes es la escucha de manera objetiva, en la que escuchas una voz que proviene desde fuera de tu cuerpo.

Por ejemplo, una voz que dice tu nombre, aunque no haya nadie alrededor de ti. Esto claro que puede dar miedo al inicio, al no haber experimentado esto antes, pero la práctica te permitirá vencer esta sensación.

El miedo es normal siempre que realizas algo por primera vez, porque tu cerebro no ha registrado las causas y consecuencias de estas nuevas acciones; y, en este caso, las experiencias de clariaudiencia pueden llegar a ser bastante intensas. Una vez que escuches tu nombre, seguramente algún ser te brindará información. Será así como identificarás quién se está comunicando contigo y con qué intenciones u objetivos.

Aun así, es muy importante identificar la gran diferencia que existe entre la clariaudiencia y la esquizofrenia. Un clariaudiente recibirá mensajes de amor, compasión y peticiones claras de personas que necesitan ayuda para comunicarse con sus seres queridos; no sucederán situaciones que deban provocar miedo. Es importante considerar que es normal que, a pesar de esto, te sientas sorprendido/a.

Existen otro tipo de mensajes que se pueden recibir de los espíritus, como advertencias, consejos de vida o recomendaciones para experiencias psíquicas, incluso también podrías recibir instrucciones para saber cómo actuar ante ciertas experiencias. Una vez que desarrolles tus habilidades, recibirás cada vez más información, y además habrás construido aún más experiencia para lidiar con todo lo que llegues a escuchar.

. . .

Muchas personas utilizan la clariaudiencia día con día, pero no son capaces de darse cuenta de esto. Los seres humanos somos seres espirituales, estamos conectados con otras realidades y reinos de vibraciones elevadas. Al nacer, obtenemos un guardián que nos ayuda y guía, bajo un apoyo incondicional durante nuestro camino de vida.

En los momentos de trauma o estrés, no olvides que no estás realmente solo/a, porque hay ayuda siempre disponible para ti.

Puedes empezar a practicar la clariaudiencia simplemente sentándote en silencio, lo que permitirá distinguir entre tu voz interna y las voces espirituales. Los mensajes de advertencia provendrán de tu propia alma o ser elevado, y es algo que te ayudará y generará muchos beneficios a largo plazo. Dicho esto, veamos algunos ejercicios para comenzar a practicar la clariaudiencia.

1. Evidencias

Esta práctica es subjetiva y debe realizarse durante un círculo de desarrollo, será útil que cuentes con un cuaderno y una campana. Lo que debes hacer es reunir a un grupo de apoyo y abrir el círculo con una oración. Posteriormente, debes establecer, de manera mental, la intención de desarrollar tus habilidades de escucha (esta intención también funciona durante el ejercicio de desarrollo de habilidades psíquicas, de claridad), y después, la intención de comunicarte con tu guardián espiritual que, a su vez, permita a algún espíritu acudir a ti.

Esta última intención es sumamente importante, ya que no hacerla permitirá que varios espíritus se comuniquen a la vez, lo que eventualmente se volverá un caos. Hecho esto, pregunta por un nombre y escribe lo que llegue a ti.

Deberás pedir una evidencia clara de la vida del espíritu, lo que puede referir a cosas como el lugar en el que esta persona trabajó en vida, la manera en la que falleció, rasgos específicos como lunares o cicatrices, o tal vez algún otro tipo de información personal que confirme la identidad del espíritu.

Este proceso no se puede obligar, ni tampoco apresurar, por lo que debes tener la seguridad de estar centrado/a en tu tarea y permitir que la información fluya, así como de tener tiempo para practicar.

. . .

Una vez que hayas terminado la sesión, en caso de encontrarte solo/a, deberás agradecer a los espíritus por comunicarse contigo, y después cerrar el círculo. En caso de que tengas compañía, deberás compartir la información que hayas recibido con los demás en el círculo, ya que puede que alguna de estas personas esté conectada al espíritu contactado. Concéntrate, pero también disfruta explorando todas las posibilidades.

2. Biblioteca de comunicación espiritual

Este ejercicio te permitirá desarrollar una biblioteca de comunicación espiritual, que es un método de interpretación importante. Es necesario entonces salir a pasar tiempo rodeado/a de naturaleza, saliendo a pasear o simplemente estando en un lugar que te permita conectar con animales, insectos e incluso aromas que te rodeen.

Estando ahí, deberás concentrarte en tu ser, cerrando los ojos y escuchando con tu espíritu. Por ejemplo, si escuchas el canto de un ave, seguramente tu espíritu lo interpretará como un mensaje.

Un sonido de animales pequeños te permitirá recibir sensaciones energéticas que deberás identificar. Todo lo que sientas es valioso y debe ser percibido e incluso anotado. De esta manera incrementarás tu biblioteca espiritual y también la manera en la que conectes con los espíritus y el cómo se comunicarán contigo.

Clarisentencia

La clarisentencia es, literalmente, sentir claramente. Esta es una habilidad que permite sentir energías e incluso vibraciones. ¿Alguna vez has entrado en una habitación y has sentido inmediatamente un cambio de energía?

Como si fuera un ambiente sumamente cargado.

También, una señal de clarividencia es sentir lo que otras personas sienten o piensan.

Los clarisentientes son personas sensibles y empáticas con los demás, porque la misma energía que otros sienten se refleja en su interior. Esto puede suceder así, o también mediante un pensamiento o sensación de origen desconocido.

Un ejemplo claro es esto es el conocer a alguien nuevo

e inmediatamente sentirte relajado/a o alterado/a únicamente con su presencia en algún lugar.

Esta habilidad permite sentir energías de ambos planos, tanto el físico como el espiritual. Generalmente, ésta se manifiesta a través de emociones o sensaciones, que generalmente se identifican porque son sentimientos que no pertenecen realmente a la persona, por lo que los clarisentientes identifican sensaciones más allá de sus sentidos físicos. Estas emociones pueden ser positivas o negativas, tanto de personas en el mundo terrenal como de espíritus: cualquier ente que tenga energía dentro del cosmos, debido a que todo está hecho de materia y energía, y ésta última, no puede verse, pero sí se puede sentir.

A veces se le llama intuición, pero debes confiar en la energía de los demás. Por ejemplo, puede que te sientas de alguna forma respecto a una persona que acabas de conocer, positiva o negativa; eso que sientes es la energía de la persona y te permitirá descifrar fácilmente lo que la persona está sintiendo en el momento. Además de esto, no solo sientes en el presente, sino que también podrías llegar a identificar estados emocionales pasados, e incluso futuros.

. . .

Este tipo de habilidad tiene un contra, y es que, ante mayor sensibilidad, mayor es la afectación que se genere en los clarisentientes bajo diferentes tipos de influencias.

Personas con este tipo de habilidad como dominante, son propensas a los cambios de energía que les rodeen, por lo que son capaces de sentir la energía interna y externa con una mayor precisión que los demás (proveniente de objetos espirituales, percepciones e incluso del futuro).

Estas personas también identifican el peligro, a pesar de que el individuo en cuestión se encuentre físicamente lejos.

Puedes llegar a sentir lo siguiente:

- Cosquilleos a través del cuerpo al comunicarte con un espíritu, principalmente en el rostro, manos, cuello u otras partes del cuerpo. Físicamente, puedes sentir que los vellos detrás de tu cuello y los brazos se levantan, precisamente porque un espíritu se encuentra cerca.
- Una leve presión en el oído izquierdo, que

debería llegar hasta el lado derecho del cerebro, siempre respetando esta línea.
- Un cosquilleo en el grupo de nervios del abdomen.
- Presión o incluso pesadez en el pecho, además de la parte superior de la cabeza.
- Frío, o una leve brisa de aire cuando no hay corrientes de aire.
- Una sensación de que alguien está contigo. Puede parecer muy simple, pero debes confiar en tu intuición ya que seguramente estás en la presencia de un espíritu, ángel o guía.

Una persona que ha desarrollado sus habilidades psíquicas es capaz de sentir la energía de únicamente el mundo que le rodea, sin embargo, un médium es capaz de sentir la energía de su mundo y de áreas más allá.

Llegarás incluso a darte cuenta de que los espíritus toman tiempo para aprender a comunicarse con el mundo físico, porque requiere de tiempo que éstos se acostumbren a la falta de su cuerpo terrenal.

A pesar de que es un proceso complicado, no es imposible, y cada espíritu descubre a su ritmo sus preferencias y facilidades. Algunos encuentran que es mucho más fácil permitir al médium sentir lo mismo que ellos sienten para lograr comunicar el mensaje.

Una persona, al morir, y pasar del mundo físico al espiritual, recibe un resumen de toda su vida. Este resumen permite a la persona ver su vida desde dos perspectivas: cómo la vivieron y cómo pudo haber sido vivida, de acuerdo a elecciones personales y de curación. La reencarnación en verdad sucede, proporciona a las personas opciones, una nueva oportunidad para experimentar, sanar, crecer, mejorar y ascender con el alma.

Ten esto en mente cuando te sientas perdido/a, el suicidio nunca será una respuesta porque los aprendizajes son tuyos y has recorrido un gran camino aprendiéndolos.

Por tanto, la opción no es volver a comenzar cuando puedes mantenerte en el camino y sanar. Así, también cuando hagas alguna lectura de médium y de repente sientas tristeza o arrepentimiento, podrías comentarle esto a la persona a la que estés apoyando, porque puede que esta experiencia se vea reflejada en la comunicación que tengas.

. . .

Las sensaciones de la clarisentencia te hacen sentir lo que la persona con la que estás hablando siente, por lo que, si de repente estás en compañía haciendo una sesión de práctica y sientes la necesidad de abrazar o consolar a alguna persona, deberías comunicar estos mensajes.

Por ejemplo, también puede suceder que preguntes cómo murió el espíritu y sentir de repente un terrible dolor de cabeza, como si algo te hubiese golpeado: esa es la manera en la que el espíritu te comunica cómo murió, ya que éstos tienen una plena consciencia de sus personalidades en vida.

Algo más que podría suceder, es que sientas pequeñas gotas de lluvia muy frías en el cuerpo. Esto incluso puede suceder en interiores, y es la manera del espíritu para comunicarte que se encuentra contigo en el momento.

Una forma en la que los espíritus intentan comunicarse es con gotas de lluvia muy frías. Puede ser cuando te sientas en interiores y sientes una gota de agua fría en el hombro.

Así es como el espíritu te permite saber que se encuentra ahí en ese momento. La práctica de médium te permite sentir lo que los espíritus sienten, ya sea tristeza, remordimiento, alegría o felicidad. De repente, también es posible que sientas el dolor físico que sintieron en vida o al morir, esto con la finalidad específica de transmitir un mensaje.

Es común que, haciendo una lectura, preguntes al espíritu cómo murió.

Mediante las habilidades de clarisentencia podrás percibir la forma en la que éste falleció; este puede ser un proceso sumamente cansado para ti, aunque dependerá de la forma de muerte. Sabiendo esto, debes ser cuidadoso/a en no presionarte demasiado haciendo lecturas de más. A continuación, te mostraré algunos ejemplos de cómo murieron algunas personas y las sensaciones que podrías percibir:

Durante una lectura, puedes preguntar al espíritu cómo murió, y éste te permitirá sentir la forma

- La muerte por un ataque cardiaco o aplastamiento de pecho te hará sentir una inmediata pesadez en el pecho. Generalmente, después de esta sensación, el espíritu te comunicará cuál fue exactamente la causa de muerte.
- Una herida fatal en la cabeza o cáncer cerebral son representados por dolores de cabeza o presión en cualquier parte de ésta. En este caso también llegará a ti la información sobre lo que sucedió en realidad.

- Existen casos más extremos o violentos, en los que la situación de muerte se puede sentir de una manera sumamente vívida. Un espíritu puede intentar comunicar que fue asesinado cuando, por ejemplo, sientes que presionan algún objeto sobre tu rostro y no eres capaz de salir de esa retención.

Debes considerar que los clarisentientes son diferentes a los empáticos, que veremos a continuación. A pesar de ser parecidos, los empáticos son sensibles a las emociones de los demás, mientras que los clarisentientes son empáticos por su sensibilidad ante sensaciones, que provienen de la energía que les rodea.

Clariempatía

Ser clariempático es sentir emociones con suma claridad. Aunque esta habilidad se confunde con la clarisentencia de manera comprensible (ya que ambas presentan coincidencias y similitudes), debes tomar en cuenta que una persona con claridad en su empatía tiene habilidades muy poderosas para conectar con la clarisentencia también.

. . .

A pesar de esto, la clariempatía puede llegar a ser sumamente exigente y agotadora para quien la practica, en todos los sentidos. Un clariempático siente como ruido la energía de las personas, por lo que es necesario que reciba entrenamiento, para dejar de sentir que se está fusionando con otras debido a la energía que percibe. Esto puede también llegar a hacer que sienta lo mismo que otra persona, sin previo conocimiento de las emociones y pensamientos de ésta.

Clariolfato

También llamado calrialiencia, se refiere a la capacidad de recibir información únicamente mediante aromas, por lo que es posible llegar a oler enfermedades, muerte y otro tipo de situaciones. Es una habilidad extraña, y es común encontrarla al momento de cocinar si es que comienzas a desarrollar esta habilidad.

Una práctica sencilla es tratar de identificar los ingredientes de un platillo basándote únicamente en el aroma. Si puedes lograr esta tarea, posiblemente se te facilite esta habilidad. Esto posiblemente también te permitirá oler sin necesidad de una presencia física, por ejemplo, llegará a ti el olor del perfume de alguien sin que haya alguna persona cerca de ti, ni pertenencias de cualquier motivo: esto significa que la energía está presente y tú tienes la capacidad de identificarla a través del olfato.

Con esta habilidad presente, tu sentido del olfato seguramente será un poco abrumador, ya que se encuentra demasiado desarrollado y pendiente de los aromas de cada energía que te rodea, incluso podría llegar a conectarte con eventos futuros o recuerdos pasados.

Es común que el aroma que detectes venga del mundo espiritual, como una forma de comunicarse contigo: puede ser el perfume que utilizaba tu abuela en vida, intentando comunicarse contigo de esta manera.

Clariconocimiento

Esto significa conocer claramente, y es un sentido que permite aprender sobre personas, eventos y otro tipo de situaciones de manera psíquica. Esta habilidad la puedes imaginar si alguna vez te preguntaste cómo es que supiste algunas cosas de otras personas sin alguna razón para justificarlo: el conocimiento viene de los espíritus. A las personas con este don, se les llama claricosgnoscientes.

. . .

Este sentido te permite obtener conocimientos de la nada, lo que puede significar que muchas veces no podrás explicar de dónde vienen algunos conocimientos dentro de tu mente, por ejemplo, cuando tienes un presentimiento y tomas decisiones basándote en él sin razón alguna, descubriendo después que esta acción evitó algún daño o percance a tu persona. Esto solo significa que los espíritus te protegían, tus guías estaban al pendiente de ti brindándote conocimiento y actuando en tu beneficio.

Puede que, incluso, haya personas que acudan a ti en busca de consejo porque eres capaz de ayudar a resolver sus problemas, y esto también es una señal de clariconocimiento. ¿Has notado si una persona es falsa contigo solo por instinto? Esto también es una señal. Un claricognosciente solo debe poner atención y detectar la información que llega a su mente, son cosas que simplemente sabe, de la nada, sin necesidad de ver para conocer lo que sucede.

Clarigusto

Este sentido es, sin duda, el menos común y el más extraño que podamos enlistar. Es la capacidad de saborear con claridad, así que podrías llegar a probar cosas que no se encuentran dentro del plano terrenal. Esto es porque los espíritus también encuentran la manera de transmitir información a través de sabores.

Puede ser una gran sorpresa encontrar un sabor en tu boca de la nada, como, por ejemplo, la comida favorita de tu abuelo cuando aún vivía. Es posible detectar también el sabor de la comida que esa persona que tanto amabas te preparaba en vida: son espíritus de tus seres amados intentando comunicarse contigo mediante recuerdos ligados a un sabor específico bajo un evento o situación especial.

Ejercicios para identificar tu sentido dominante

El conocer todos los sentidos psíquicos te permitirá detectar cuál es el sentido que predomina dentro de ti, para poder después desarrollarlo mediante ejercicios especialmente creados para tu sentido. Es más común tener habilidades de clarividencia, clariaudiencia o clarisentencia; el siguiente ejercicio te permitirá reconocer el sentido dominante.

Es muy sencillo y tiene por nombre "análisis del entorno": deberás sentarte de manera cómoda, en una habitación que no tenga ninguna distracción. Deberás analizar el lugar en el que te encuentras: cada detalle, dimensiones, cada característica dentro de él, sin importar qué tan insignificante parezca.

Deberás también poner mucha atención a sonidos, imágenes, sensaciones, colores, sabores o conocimientos y pensamientos que lleguen repentinamente a ti. Lo siguiente que debes hacer es cerrar los ojos y concentrarte profundamente en tu respiración, inhalando y exhalando continuamente y por largos periodos de tiempo, mientras analizas de manera mental los detalles que identificaste dentro de la habitación.

Debes poner atención a cualquier cosa que resalte dentro de tu mente en particular, como una imagen, sonido, presentimiento o incluso sabor mientras te encuentras analizando lo que recopilaste. Especial atención merecen las sensaciones que identificaste ante las energías del lugar.

Si algo sobresale dentro de tu análisis, es justamente esto lo que demuestra el sentido predominante dentro de ti. Debes intentar practicar este ejercicio en diferentes lugares, como parques, en tu casa, en tu lugar de trabajo, e incluso intentar hacerlo bajo diferentes tipos de compañía, aunque también puedes hacerlo solo/a.

Entre más consciencia tengas de tus alrededores más comunes, será para ti más fácil detectar cualquier cambio de energía alrededor de ti, o ubicar si es mediante tu vista, oído, olfato o algún otro medio lo que te permite detectar cambios de energía en el lugar en el que estés.

3

Contacto con tus guías espirituales

Si bien cada habilidad psíquica es especial e increíble por sí misma, el desarrollar la habilidad de contactar a tus guías espirituales es una experiencia de otro nivel. Estos guías han sido parte de la cultura humana desde tiempos inmemorables, podemos identificar, por ejemplo, las prácticas chamánicas basadas en conocimientos espirituales provenientes de diversas culturas del continente africano y americano, hasta prácticas que aún se realizan en la cultura contemporánea.

Incluso, en el caso religioso, podemos encontrar que las religiones más grandes del mundo cuentan con una gran diversidad de tradiciones referentes a los guías espirituales y la forma en la que son concebidos por cada orden.

. . .

Casi todas las tradiciones espirituales creen que los espíritus son bondadosos, que existen para ayudar y guiar a otros a través de diferentes aspectos de su vida física.

Sin embargo, es común que las personas no logren reconocer los mensajes que los guías espirituales les comunican, y esto se refleja en ellos caminando a ciegas por la vida, cometiendo una gran cantidad de errores y perdiendo una cantidad inimaginable de oportunidades.

Por otro lado, aquellas personas conscientes de estos mensajes que buscan escucharlos en realidad, tienen resultados muy diferentes: son capaces de evitar muchos errores y entienden los tiempos correctos para comenzar aventuras nuevas.

En este capítulo identificaremos los diferentes guías espirituales que existen, ya que esto te ayudará a reconocer cuando alguno busca ayudarte en el camino, y así identificarás también formas de descubrir y contactar a guías personales, obteniendo la oportunidad de crear una buena relación con ellos y aprovechar todos los beneficios que esta consciencia traerá a tu vida.

. . .

Los guías espirituales

Es necesario que comprendas, de inicio, la naturaleza real de los guías espirituales. Para efectos prácticos, utilizaremos una de las imágenes más comunes utilizadas para representar a estos guías en el mundo contemporáneo: los ángeles. "Ángel" deriva de una raíz del antiguo griego que quiere decir "mensajero", y no, no son los pequeños bebés regordetes y rosados que flotan entre nubes, ni tampoco talentosos y bellos arpistas en túnicas blancas que pasan la vida cantando tranquilamente mientras los humanos perecen.

Los ángeles, en su rol de mensajeros, son espíritus que además de observar consciente y cercanamente a la humanidad, intentan dar a aquellos que están dispuestos a escuchar, consejos, advertencias y palabras de fuerza.

Esto va un poco más allá cuando pensamos en las tareas de los ángeles guardianes, que están comandados a proteger a todo individuo del daño siempre que sea posible.

No es necesario pertenecer a una religión específica para lograr descubrir a tu guía espiritual y comunicarte con él, porque éstos existen y van más allá de las creencias:

personas ateas tienen también a sus propios guías espirituales asignados, por lo que no es necesario que alguien gane su favor o ayuda, sino simplemente aceptarla. De igual manera, los guías espirituales asumen formas variadas, y en cada una de estas formas se representan habilidades y beneficios únicos ajustados a las necesidades del individuo a quien fueron asignados.

Veremos a continuación una lista de las formas más comunes de representación de guías espirituales, en conjunto con la naturaleza básica del papel que tendrán dentro de la vida de cada individuo que tengan asignado.

- Ángeles

Los ángeles son, como se ha dicho, mensajeros del reino espiritual. Se les establece como una contraparte de los demonios y son enviados para aconsejarte en seguir un camino correcto cuando la tentación busque llevarte por caminos equivocados, peligrosos y con resultados que no serán favorables para ti.

Existen también arcángeles, que son las formas más elevadas de los ángeles y son considerados como los seres más poderosos y eficientes dentro de esta jerarquía.

Seguramente has escuchado de arcángeles, ya que algunos son sumamente reconocidos de acuerdo a historias y tradiciones ancestrales como por ejemplo Miguel, Gabriel y Rafael. Tener la suerte de entrar en contacto con un arcángel te dará una oportunidad segura de tener un futuro prometedor.

- Ancestros

Los familiares difuntos, de acuerdo a diferentes tradiciones e historias humanas alrededor del mundo, son grandes guías y protectores de los seres amados que continúan dentro del plano terrenal. Esto es sumamente cierto, especialmente en el caso de padres y abuelos fallecidos, porque son personas con un interés genuino en el interés de cada individuo, y esto se mantiene desde la vida hasta el cruce a otra vida. Se cree que el amor los mantiene cerca del ser al que protegen durante un tiempo que les permite mandar ánimos y afecto en momentos de crisis, estrés o soledad.

- Animales espirituales

Un animal tótem es un término sumamente conocido, a pesar de que muchas personas no han experimentado la bondad de conocer a su animal tótem.

Estos animales sirven a un propósito mucho mayor que un tema interesante de conversación: proporcionan fuerza y valentía elementales, necesarias para enfrentar cualquier tipo de retos, desde los más sencillos hasta los más peligrosos, proporcionando ayuda para llegar a la mejor versión de ti en los momentos de mayor necesidad.

- Deidades

La adoración a diferentes dioses y diosas eran una muestra de fe común en las sociedades antiguas, una práctica no tan común dentro de las sociedades occidentalizadas. Esto sucedía ya que este tipo de creencia permitía a los sabios antiguos contemplar diferentes aspectos importantes a la humanidad: tenemos a Zeus, por ejemplo, que representaba el liderazgo, la figura paternal y la sabiduría de las personas mayores; mientras que Afrodita, en cambio, representaba la belleza, el placer y la bondad. Cada deidad entonces podría materializarse frente a algún sujeto específico, reforzando ciertos elementos característicos de la persona o ayudando a su desarrollo.

. . .

Comenzar a ver visiones de dioses o diosas se podría interpretar como una creación de la imaginación, aunque puede que en realidad sea un mensaje real que te proporcionará respuestas que has estado buscando.

- Figuras religiosas

Muchas personas alrededor del mundo aseguran haber tenido visiones o escuchado mensajes de diversos símbolos religiosos, como lo pueden ser Jesucristo, la virgen María, Buda o demás representantes de diferentes religiones. A pesar de que muchas de estas visiones sean falsas o motivadas por un sentido de fanatismo, también es probable que muchas otras sean reales, abriendo la posibilidad de que los espíritus, que alguna vez fueron almas en algún cuerpo, aún intenten influenciar a las personas, dando una guía hacia caminos correctos en tiempos difíciles para los que sea necesario tomar decisiones, aunque sean complicadas.

- Figuras sagradas

La mayoría de las tradiciones espirituales tienen una figura sagrada, representada de diferentes maneras, como pueden serlo los sacerdotes, chamanes, papas, ancianos y mujeres sabias que lideraban a los practicantes de su tradición en vida: estas personas continúan ejecutando la misma labor incluso después de haber fallecido, como si su alma aún sintiera el llamado a pesar de no tener ya un cuerpo terrenal.

Una figura sagrada como guía espiritual es un don que debe ser sumamente agradecido, pero también es una oportunidad para acceder a una gran cantidad de conocimiento invaluable que estos guías descubrieron durante su vida en el plano físico.

Cómo detectar tus guías espirituales

A partir del conocimiento que ahora tienes, sobre cómo identificar a los diferentes tipos de guías espirituales y las formas que pueden tomar, es momento de un siguiente paso: detectar el guía o los guías que han intentado ayudarte a vivir de la mejor manera posible a lo largo de todos tus años de vida.

Los guías espirituales son, en esencia, eso: espíritus. No es posible esperar a poder verlos, escucharlos o interactuar con ellos mediante sentidos físicos, al menos no cuando estás comenzando con el proceso. En cambio, debes practicar tus sentidos psíquicos, sentidos de claridad, para utilizarlos y lograr detectar a tus guías espirituales con tu ojo interior, oído interior, o cualquier otro sentido que ya hayas identificado que domina en ti.

Seguramente no te sorprenderá aprender que los sueños son la manera ideal de detectar a tus guías espirituales, ya que éstos son completamente internos y, por tanto, tus sentidos internos están sumamente elevados, ya que los sentidos físicos se encuentran en un proceso de descanso. Así que, a partir de los sueños, existen 2 maneras en las que se puede revelar la identidad de tus guías espirituales: utilizando la primera, debes intentar recordar sueños del pasado, especialmente aquellos que tuviste cuando te encontraste en problemas complicados dentro del mundo real.

Puede que hayas soñado con alguna figura religiosa ofreciéndote ayuda o apoyo, o tal vez algún personaje aparece recurrentemente en tus sueños y esto sucede especialmente cuando tienes algún problema, o un animal específico aparece en tus sueños, despertando a tus energías primarias en situaciones de peligro o reto. Sueños como estos son un ejemplo de encuentro con guías espirituales, así que intenta escribir los sueños que tengas justo después de despertar.

La otra manera en la que puedes utilizar tus sueños para detectar a tu guía espiritual es incubarlos. Este proceso se trata de pasar el tiempo justo antes de dormir hablando contigo mismo/a, diciéndote que debes tener un tipo de sueño específico y convenciendo a tu mente de hacerlo. Por ejemplo, digamos que quieres soñar con riquezas y fama: debes meditar sobre detalles específicos de este deseo antes de ir a dormir, para crear un entorno en los sueños que hagan realidad este deseo.

Este proceso se puede utilizar también para descubrir la identidad de los guías espirituales, dedicando algo de tiempo antes de dormir para meditar sobre un lugar en particular en el que imagines que se encuentran tus guías espirituales contigo, ya sea que estén ahí esperándote o acudan a ti. Esto es algo irrelevante, pero debes poner mucha atención a la primera persona que veas a tu lado, porque él o ella es, probablemente, tu guía espiritual.

También, los guías espirituales pueden enviar mensajes mediante un proceso llamado sincronía, que es una coincidencia de dos o más eventos en un momento determinado. Por tanto, una manera de identificar a tu guía espiritual es pedir que surja un patrón en tu vida diaria: por ejemplo, observar una gran cantidad de imágenes de ángeles durante el día (pinturas, estatuas o demás), o ver imágenes o nombres de una deidad en particular. Estos sucesos no son una coincidencia y debes tomarlo como una respuesta a tus intrigas.

Los animales, por otro lado, son capaces de representarse a sí mismos, aunque no, tu tótem animal no es la ardilla que viste cuando pasaste todo el día en el parque y aparecieron docenas de ellas porque es su hábitat natural. Lo que sí debes interpretar es aquella señal que sobresalga y se encuentre fuera de lo normal: por ejemplo, si ves todo el día la imagen de un león en diferentes situaciones, puede que esta sea la respuesta que buscas. Aun así, ¡asegúrate de no ir al zoológico a buscar inspiración!

Puede que en algún momento llegues a sentirte sobrecargado/a de información, sin que logres identificar si lo que observas es un patrón un simplemente una coincidencia, así que aquí van dos consejos que te servirán para trabajar esta confusión: el primero es descansar por unos días de tu búsqueda, e intentarlo poco tiempo después, con la mente centrada y el corazón abierto, así al ver que hay señales constantes o imágenes que se repiten, sabrás la respuesta.

Por otro lado, puedes también es posible que escuches a tu instinto y tus presentimientos: a pesar de tener señales físicas, sigue siendo un mensaje de naturaleza psíquica, por lo que aún sin estos precedentes deberías ser capaz de sentirlo o identificarlo.

El punto es que este patrón resuene con tu alma, porque si es así, habrás encontrado una respuesta, pero si no sientes una conexión o un ben presentimiento sobre lo que se te presenta, podrías estar siendo engañado/a. Si es así, no temas en ignorarlo y seguir buscando una señal que se sienta bien para ti.

Cómo comunicarse con los guías espirituales

Al comunicarte con guías espirituales, lo mejor es tratarlos como si estuvieses conociéndoles apenas, sin entrar en detalles como la naturaleza de tu guía o el papel que representan en tu vida; esto te permitirá concentrarte en la dinámica de crear una relación que se pueda fortalecer, en la cual incluso se puedan desarrollar procesos de cariño o amor.

Un buen consejo es que busques crear una relación con tu guía espiritual como si estuvieras iniciando una relación con la persona de tus sueños: primero debes hablar con él o ella de manera regular, incluso aunque no recibas respuestas al inicio, intenta hablar lo más que puedas y contarles de todo.

No le busques únicamente cuando te encuentres en un predicamento o tengas algún problema, háblale diariamente, cuéntale lo feliz que te hace sentir su presencia, cosas buenas que te sucedieron en el día y pregunta cómo le va a él o ella.

Puede parecer tonto, pero entre más hables con tu guía espiritual, más fortalecerás la conexión que estás creando; gracias a esto, serás capaz de escucharle mejor cuando necesites hacer una llamada para pedir ayuda.

De igual manera, toma en cuenta que esta tendrá que ser una relación recíproca, por lo que deberás ofrecer algún tipo de habilidad vital.

. . .

Después de esto, solo queda tomarte tiempo para escuchar. Esto lo puedes hacer meditando o simplemente pausando y concentrándote después de hacer alguna pregunta o afirmación, teniendo por objetivo escuchar el mensaje que darán como respuesta.

De esta manera, también podrás descubrir la manera en la que los guías espirituales se comunican contigo.

Si descubriste que tu habilidad dominante es la clariaudiencia, seguramente los guías exigirán hablar contigo, por lo que debes tomar un tiempo suficiente que te permita sentarte en silencio hasta que logres escuchar su voz. Por otro lado, puede que se trate de un guía que utiliza señales para comunicar mensajes.

Si quieres escuchar el nombre de tu ángel guardián, después de haber hecho alguna pregunta, deberás tomarte un tiempo para escuchar. Si un nombre llega a tu mente debes aceptarlo, aunque sea algo decepcionante para ti. Puede que no tengas al arcángel Miguel como guía, puede que el tuyo tenga un nombre sencillo como Juan o Martín; el punto no es cumplir caprichos, así que no deseches este nombre pensando que llegará a ti algo más impresionante.

. . .

Puede que, por el contrario, no escuches un nombre, por lo que deberás buscar uno. Busca nombres en anuncios, comerciales de televisión, pósters y otros objetos cotidianos. Tampoco se trata de buscar dentro de la guía telefónica o libros de nombres buscando el nombre que más te guste o mejor te suene, debes dejar que éste llegue a ti, esto es escuchar.

Ten fe en que tu guía espiritual es capaz de transmitirte un mensaje, y que esto solo sucederá si te esfuerzas lo suficiente para escuchar lo que sea que te deba decir. La sincronía es un buen método para confirmar el nombre que has estado escuchando o que ha llegado a ti, dependiendo del tipo de respuesta que hayas obtenido.

Por ejemplo, puede que hayas escuchado el nombre Mónica, así que debes mantener este nombre contigo y tomar el tiempo para confirmar que es el nombre correcto a lo largo del día, concentrándote en pedir señales que confirmen este mensaje.

Puede parecer improbable o tal vez ridículo para aquellos que aún no están convencidos, pero cualquiera con experiencia en comunicación con guías espirituales sabe que éstos son seres que aman el humor y buscarán hacerte sonreír al comunicar el mensaje que debas escuchar, por lo que nunca se sabe. Incluso, esto puede significar que están presumiendo hacia ti las habilidades que han construido o te están recompensando por tus esfuerzos, regalándote un momento no solo significativo sino divertido.

El método de pregunta y escucha consciente deberá estar presente a lo largo de tus días, ya que será el método que debas utilizar para tomar decisiones importantes.

Por otro lado, cuando tengas problemas que puedan reducirse a una respuesta de sí o no, es más fácil fiarte de presentimientos e instintos, sin la necesidad de escuchar todo el día voces que te digan sí o no, ni de buscar constantemente la respuesta que se te presente a simple vista: únicamente escucha a tu corazón, porque es ahí en donde reside la comunicación espiritual.

Si, por ejemplo, alguien te ofrece un empleo, despeja tu mente y pregúntale a tus guías si es una decisión adecuada, inmediatamente sentirás la respuesta: un sentimiento de emoción o euforia es la manera de comunicarte que es una buena idea para ti, y si, por el contrario, sientes ansiedad o incluso miedo, lo recomendable es declinar de manera respetuosa la oferta, entendiendo que tus guías están evitando tu sufrimiento y dificultades a largo plazo.

Diferentes formas de desarrollar tu habilidad para comunicarte con guías espirituales

Finalmente, lo que debes hacer es fortalecer las habilidades que te permitirán comunicarte con los guías espirituales.

Esto se logrará practicando todos los días, tal como debes hacerlo si intentas mejorar cualquier otro tipo de habilidad; ante más práctica, mejor y más natural será tu desempeño, es tan simple como eso. Comienza entonces hablando y concentrándote en escuchar a tus guías, realizando preguntas sencillas y básicas para empezar, como la forma que tienen, cómo les gusta ser nombrados, y demás nimiedades.

Entre más tiempo pases realizando preguntas sencillas, te prepararás aún más para comenzar a atender asuntos más importantes, pero es crucial que primero domines este inicio, de cierta manera, "fácil". A partir de esto, el paso que sigue es llevar un diario, práctica sumamente importante cuando busques desarrollar cualquier tipo de habilidad psíquica o espiritual.

Lo que debes hacer es registrar todos los mensajes que recibas, de manera completa, por ejemplo, un nombre o respuestas a una pregunta. Después de esto, deberás escribir la manera en la que recibiste el mensaje: puede que lo hayas escuchado, visto, o soñado, pero sin importar la manera en la que llegó a ti, escríbelo. Finalmente, una vez que tengas pruebas, registra si el mensaje resultó cierto o falso.

Lo que descubrirás con esto es que muchos mensajes llegaron a ti bajo tus propias ideas y tu imaginación activa, porque es necesario tiempo para distinguir la voz de tu guía o tus guías por encima de todos los demás pensamientos que llegan a tu cabeza. Aquí radica la importancia de escribir un diario, porque eventualmente verás un patrón desarrollándose, que demuestre el método que más éxito ha representado para ti.

Podríamos decir, por ejemplificar esto, que cuando sueñas, el mensaje que recibes resulta ser cierto en cada ocasión: esto devela que tu principal fuente de comunicación son los sueños, por lo que deberás comenzar a investigar sobre la dinámica de los sueños y esforzarte para desarrollar de la mejor manera tus habilidades de crear, experimentar, recordar y ser consciente de tus sueños. Si, por otro lado, escuchas respuestas que llegan a ti y sus resultados son los más precisos, entonces deberás tomarte el tiempo y esfuerzo que te permitan trabajar en la clariaudiencia.

Lo importante es utilizar tu diario como una herramienta de aprendizaje, que logre mostrarte lo que te funciona y lo que es necesario seguir practicando, pero no será tan efectivo para ti.

También será bueno que tu diario sirva como un registro de aquellas maneras que te permitan desarrollar las habilidades que necesites una vez que hayas descubierto cuál es la manera de comunicación elegida por tus guías espirituales.

Finalmente, recuerda que otra opción es pedir ayuda. En una relación recíproca, ambas partes deben aportar el mismo esfuerzo; así que si no lograr ubicar el medio por el que tus guías espirituales se intentan comunicar contigo, pregúntales. Esta debería ser una de las primeras preguntas que hagas, puede que incluso deba ser la primera. Es tan importante porque solo al saberlo identificarás cómo encontrar las respuestas y así tendrá más sentido para ti comunicarte y seguir haciendo preguntas.

Tus guías espirituales existen para ayudarte a conseguir el éxito, así que seguramente no generarán muchas barreras para entender sus mensajes.

Hazlo con calma, sé paciente contigo mismo/a, regálate el tiempo de aprender, no te frustres si cometes errores y las cosas no van como lo pensabas. Debes mantener tu mente y corazón abiertos y no rendirte.

No siempre es fácil la comunicación con espíritus, mucho menos trabajar una relación con ellos, incluso aunque tengas un don natural para ello. Sin embargo, este tipo de relaciones pueden hacer llegar a ti recompensas mucho mayores de lo que podrías llegar a imaginar, por lo que te aseguro que vale la pena dedicarte a entenderlos, poniendo en esta tarea todo tu tiempo y esfuerzo.

Desarrollar una relación con tus guías espirituales no solo enriquecerá tu vida, pero nunca más pasarás un día en soledad. Este único pensamiento puede ser suficiente para motivarte a darle un giro a tu vida y permitirte llenarte de felicidad, amor y satisfacciones, que es un objetivo que tanto tú como tu guía personal desean y, además de eso, merecen.

4

Prácticas de comunicación silenciosa y consciente con los espíritus

Puede que muchas personas consideren como algo aterrador el sentarse en silencio en la oscuridad buscando experimental el vacío, además de difícil; pero para otras, esto se llama tener una cita con Dios. Esta práctica, el sentarte con la plena intención de comunicarte con el plano espiritual, te puede cambiar la vida: cambia tu mentalidad, es como tomar una ducha energética que te permite liberar el miedo y abrirte completamente a lo que pueda ocurrir.

Experimentar el vacío es permitir rodearte de lo desconocido, por lo que debes prepararte para evitar que tu propia mente juegue contigo y evite tu contacto con esta experiencia. Antes de comenzar, recuerda que debes tener un cuaderno en donde puedas escribir todo lo que experimentes.

Antes de comenzar, debes considerar que esta práctica tiene una dinámica diferente a los ejercicios de práctica y desarrollo que se han explicitado anteriormente, así que te recomiendo entender el proceso y tomar una decisión seriamente pensada; se trata de sentarte en silencio para concentrar tu energía en sintonizar al mundo espiritual.

Primer paso

Debes comenzar sentándote en silencio dentro de un lugar totalmente oscuro, respirando de manera profunda.

Al inhalar, imagina en tu mente el aire que respiras, absorbido por el chakra del corazón, que es tu centro. Al exhalar, visualiza el aire saliendo de tu cuerpo, expande tu corazón no con aire, sino con energía.

Repite el proceso de inhalar y exhalar, respira de manera profunda al menos cuatro o cinco veces. Esto te permitirá limpiarte de cualquier residuo que pueda generar resistencia a esta nueva experiencia. El objetivo es sentirte en la mayor calma posible.

Segundo paso

Es momento de convocar un círculo de protección alrededor de ti. Para lograrlo, golpearás tres veces el suelo, o también existe la opción de tocar una campana. Después de esto, deberás llamar a Dios Padre, a tu ser elevado, a tus guías espirituales, a tus ancestros más amorosos y benevolentes, o a cualquier ser que te dé la confianza suficiente para trabajar con él este solemne momento.

Debes pronunciar una intención, que establezca que cualquier energía que llegue a ti para hacerte daño de cualquier manera no será capaz de entrar a tu círculo de protección. Después de esto, deberás expresar una nueva intención, para que únicamente las energías compuestas de amor y compasión sean capaces de entrar al círculo. Después, deberás terminar estos enunciados diciendo "amén" y/o "así sea".

Aquí va un ejemplo sobre el que te puedes apoyar para crear tu oración, o incluso usar de manera literal:

"Querido gran espíritu, ser de la gran Madre y de Dios Padre. Por favor rodéame en un círculo de protección y de amor. Por favor permite que lo que ocurra durante esta sesión sea para el bien mayor de mi persona y para el bien de todos.

Permite que se contesten las preguntas y por favor cuídame de todo peligro. Así sea. Amén"

Tercer paso

Ahora, puedes comenzar a hacer preguntas, tales como:

- ¿A quién le gustaría acercarse y hablar conmigo?
- ¿Cuál es tu mensaje?
- ¿Cómo sé quién eres?
- ¿Por qué este mensaje es importante para mí?

Una vez que hayas realizado todas las preguntas que hayan llegado a tu mente, siempre guiadas por tu chakra del corazón, es momento de agradecer a todos los presentes por acudir a tu sesión y comenzar a prepárate para cerrar el círculo.

Cuarto paso

Una buena manera de cerrar el círculo es agradecer a todos aquellos seres espirituales que acudieron a tu llamado, ayudándote a hacer la experiencia posible.

Deberás entonces decir palabras de agradecimiento, apreciación y amor. Después, te corresponderá anunciar que el círculo se ha cerrado, golpeando tres veces el suelo o tocando una campana.

Es sumamente importante que tomes notas durante cada sesión, ya que, además de que tu experiencia personal es sumamente valiosa, después podrás revisar tus resultados y aprender de lo sucedido para las sesiones siguientes. Así, podrás identificar lo que funciona para ti, lo que no, podrás recordar a quienes acudieron a hablar contigo y lo que te compartieron. Este también es un bonito recordatorio de que nunca estamos solos en el mundo.

Abrazo espiritual

Puede que, dentro de este tipo de sesiones, experimentes un abrazo espiritual. Éste se disfraza de escalofríos, de fuertes sensaciones de ansiedad que llega de repente o de sensaciones extrañas, como, por ejemplo, caminar sobre telarañas. Esta última sensación es la más evidente, porque no podrás ver ninguna telaraña, sino únicamente sentirla. Estos abrazos resultan satisfactorios para los espíritus, porque nuestras reacciones al tener este tipo de contactos les divierten.

Espíritus y energías que pueden llegar a tus prácticas

- Espíritus atados a la tierra

Este tipo de espíritus han decidido quedarse en el mundo terrenal debido a una razón específica, como pueden serlo los asuntos inconclusos o el miedo a pasar a una siguiente etapa en su camino. Existen maestros espirituales que se dedican a enseñar a los médiums a ayudar a los espíritus atados a la tierra para lograr cruzar al otro lado, ya que hay muchos niveles y maneras de ayudar a los espíritus en su próxima vida.

Existen espíritus con problemas específicos, como los recién fallecidos que no saben en dónde se encuentran ni a dónde se supone que deben ir; comúnmente se sienten perdidos, no parecen ser conscientes de haber muerto.

Por otro lado, existen espíritus atados a la tierra que simplemente quieren que su historia sea recordada. Hay otros aterrados pro ser condenados al infierno, basándose en las creencias arraigadas antes de morir.

La culpa es sumamente poderosa e incluso peligrosa porque requiere de mucha energía. Sentimientos de culpa (sumamente normales para las personas en vida) deben ser atendidos de manera inmediata.

Es necesario que desarrolles energía de sanación para tu persona antes de llegar al mundo espiritual; no es necesario que temas convertirte en un espíritu atado a la tierra porque esta es una elección que requiere cierto nivel de conciencia.

El espíritu nos da la opción de elegir. Los médiums de rescate son aquellos que se dedican por completo a ayudar a este tipo de almas conflictuadas a caminar hacia la otra vida.

Ejercicio para ayudar a un espíritu a cruzar hacia la luz

Este ejercicio es preferible realizarlo dentro de un círculo de desarrollo, o practicar en casa, pero únicamente si has superado los ejercicios principiantes. De ser así, debes abrir un círculo de la misma manera en la que se ha hecho durante los ejercicios anteriores, estableciendo una intención y después rezando una intención. Aquí va un ejemplo:

"Querido gran espíritu, ser de la gran Madre y de Dios Padre. Por favor rodéame a mí y a los presentes en un círculo de protección y de amor.

Por favor permite que lo que ocurra durante esta lectura sea para el bien mayor de mi persona y para el bien de todos. Permite que se contesten las preguntas y por favor permite que los presentes reciban la sanación que necesitan. Así sea. Amén"

Después de esto, deberás aterrizarte y visualizar: concéntrate en tu chakra corazón, ubicado en el centro de tu pecho, y piensa en la experiencia más feliz que hayas tenido durante tu vida. Permítete revivir la felicidad y alegría que ese recuerdo te causa, y visualiza que la energía de este bello recuerdo se convierte en flores, hojas de colores o algo que te transmita calma. Para efectos de ejemplificar este ejercicio, utilizaremos flores.

. . .

La primera ley de la termodinámica establece que la energía no se crea ni se destruye, sino que únicamente se transforma o cambia. Puede que lleguen a ti energías no deseadas, por lo que también veremos a continuación métodos para deshacerte de este tipo de energías.

1. Rezar

Una oración de fe puede llegar a cambiar la energía existente en cualquier tipo de entorno o situación, y esto es especialmente cierto si la oración se realiza en conjunto con personas que mantengan una fe real y estén en continuas prácticas espirituales.

2. Pedir perdón

Puedes también pedir perdón y permitir que la energía se modifique por el mismo Dios Padre o por algún arcángel. Por ejemplo, puedes pedir al arcángel Miguel energía apasionada, al arcángel Rafael energía sanadora, al arcángel Uriel paz y arrepentimiento y al arcángel Gabriel ayuda con la sanación emocional.

3. Música

La música que te permita cambiar el ambiente puede ser alabanzas u oraciones, pero también canciones de tambores chamánicos, sonidos de meditación o música de flauta nativo americana. Puedes encontrar todas estas opciones en internet. Existe otra opción, que es la música que se siente como vibraciones de energía que podrías sentir en cualquier lado.

4. Limpia de energías con hierbas

Este tipo de limpia de energías no deseadas se puede realizar con hierbas como lavanda, sabia, olíbano, canela, entre otras.

Puedes decidir quemar incienso o las hierbas mismas, pero siempre recordando abrir una ventana para permitir, por un lado, que la energía no deseada salga, pero también para no respirar constantemente el humo.

El abrir la ventana también le da la señal a tu subconsciente de que estás liberando energías viejas, preparándote para dejar entrar a nuevas. Por otra parte, con el uso de aceites esenciales se sugiere utilizar un difusor que te permita ayudar a establecer la energía que quieres fomentar en tu hogar.

5. Platos con sal de mar

El colocar pequeños platos con sal de mar dentro de tu casa te ayudará a crear vórtices pequeños de energía.

Estos platos se deben colocar en diferentes habitaciones, porque esto permitirá absorbes las energías negativas de tu espacio por completo. También, puedes utilizar pequeñas lámparas de sal o cristales para ayudarte a crear estos pequeños vórtices.

Limpiar la energía es benéfico

La acumulación de energía puede llegar a invitar tu círculo o a tu entorno a espíritus tramposos, por lo que es mejor tener un espacio que sea limpio y se encuentre ordenado en todo momento, esto te ayudará a librarte del desorden.

Este tipo de espíritus tramposos gustan de jugar bromas, y pueden manifestarse como pestes molestas, cosas que cambian constantemente de lugar, cansancio o pequeños montones de desorden distribuidos alrededor de tu hogar.

. . .

Lo mejor por hacer es limpiar la energía. Este tipo de práctica es esencial para aquellos con habilidades de clarisentencia o empáticos psíquicos, porque son personas que tienden a absorber energía en grandes cantidades.

Ancestros

Ya hemos hablado de los ancestros, son familiares de tu misma línea de sangre fallecidos, que han logrado cruzar al otro lado. Generalmente, los ancestros se encuentran fácilmente en el mundo espiritual, sin buscarlos, porque muchos de ellos intentar comunicarse en el mundo físico.

Es posible que incluso un ojo no entrenado se dé cuenta de este suceso o que, otras veces, la comunicación ocurra sin ser conscientes de esto.

Esta comunicación puede suceder de diferentes maneras, puede comenzar con brisas y llegar a formar palabras literales. En otras ocasiones, también se puede manifestar como animales enviando mensajes, como por ejemplo un ave que se acerque a ti. Los animales se encuentran en general abiertos a la comunicación y actividad espiritual, especialmente las ardillas y arañas que son considerados animales mensajeros espirituales.

Una persona con talentos psíquicos que llega a soñar o a tener visiones con personas conocidas no debe tener miedo a intentar generar un proceso de comunicación con estas personas, pues, aunque no sean conscientes de esto, el intentar comunicarse puede ser una señal que los otros necesitan para seguir adelante. Por otro lado, debes recordar que los sueños son un medio de comunicación que los ancestros y otros espíritus usan, por lo que estas visiones también se podrían considerar como una visita.

Si requieres mejorar la relación con tus ancestros, más adelante veremos algunas técnicas a detalle, pero funciona crear un altar en honor a tus seres queridos fallecidos, o preparar un platillo extra a la hora de comer e invitar a los ancestros a acompañarte en la mesa, con familia y amigos. La idea del altar funciona especialmente para honrar, nutrir y mostrar respeto ante la relación con los ancestros, de manera amorosa, haciendo que su recuerdo permanezca.

Por otro lado, una buena relación con los ancestros también es una capa protectora ante el trabajo con otras energías, porque los ancestros son la primera línea de defensa, protección y cuidado dentro del mundo espiritual. Estos espíritus también pueden llegar a confiar en ti para ayudar a sanar las heridas de tu familia en el plano terrenal; puede que incluso al nacer te haya sido otorgada esa responsabilidad, teniendo ya codificada dentro de ti la información necesaria para cuidar a la familia.

La curación de las líneas ancestrales se relaciona fuertemente con la toma de decisiones, ante opciones y acciones para tu vida en familia. Esto también puede significar romper maldiciones generacionales moviéndote de manera diferente; para lograr esto, puedes concentrarte en hablar con tus ancestros e iniciar con preguntas de tipo "¿quién eres", "¿cómo te llamas?", ¿me has otorgado algún don o legado por medio de los genes?, "¿cómo puedo curar lo que necesitas?".

Puedes también hacer preguntas más sencillas, como el carácter de la persona, alguna enfermedad o rasgo físico característico. Dependiendo del legado que ellos hayan dejado en ti, puede que recibas diferentes tipos de respuestas, incluso cosas tan sencillas como que debes trabajar en tu paciencia, comer de mejor manera o incluso lavarte mejor los dientes.

. . .

Altares para tus ancestros

Para esta práctica requerirás una mesa, ya sea de madera o vidrio, un mantel blanco y una vela del mismo color, un vaso de agua (o incluso hasta nueve vasos, incluso puedes consultar con tus ancestros antes y esperar a ver el número que llegue a tu mente), así como una campana.

El número de los vasos se puede basar en el tamaño de la mesa que uses, ya que, además de esto, es necesario utilizar de 7 a 9 plantas, comida que le gustara a tus ancestros, dulces y artículos que te recuerden a su persona.

Para cada ancestro es diferente, pero puedes colocar incluso pequeños gustos como caramelos, chocolates, alguna bebida favorita, fotografías, peluches o cualquier objeto de valor personal y/o sentimental para tu ancestro.

Puedes ubicar estos artículos en algún buró o un pequeño altar de madera. El último artículo necesario es una olla de concina.

. . .

Hay personas que crean altares familiares, buscando honrar a todos los ancestros fallecidos posibles. Esta idea es buena, pero también puedes practicar este ejercicio de altar con simplemente una o dos fotografías de aquellos ancestros que hayan sido más cercanos a ti.

La olla es utilizada para quemar el dinero de los ancestros que ha sido creado o traído por ti. Así, debes tomar en cuenta que durante el proceso de honrar a los ancestros es muy importante invertir tiempo y esfuerzo para lograr crear esta nueva conexión espiritual. Por ejemplo, puedes celebrar ocasiones como sus cumpleaños.

Honrar el cumpleaños de tus ancestros

Puedes cocinar o comprar un pequeño pastel para honrar a tu ancestro en el día de su cumpleaños.

No está de más comprar cosas para decorar el área en donde estará el altar, cocinar sus alimentos preferidos y después invitar al resto de la familia a la celebración de la existencia de tu ancestro. Incluso, puede que se desarrolle una dinámica de compartir historias sobre aquellos que se fueron.

. . .

Reza a tus ancestros

Rezar es, sin duda, una práctica espiritual, y durante el desarrollo de tus habilidades, será benéfico para ti. Sabiendo esto, debemos recalcar la importancia de rezarle al altar de tus ancestros al menos una vez por día, aunque muchas veces las personas deciden rezar tres veces al día para lograr fortalecer el amor y la conexión con los ancestros.

Tus ancestros te van a contestar si les pides consejos sobre el incienso y las hierbas que debes comprar, pero debes asegurarte de estar seguro/a y confiar en las respuestas que obtengas. Aunque puede no parecer tan lógico, lo más importante es confiar en la respuesta que recibas al preguntar, por ejemplo, el tipo de incienso que tu familiar desea.

Muestras de amor hacia tus ancestros

Estas muestras son algunas, pero ninguna práctica se limita a las acciones descritas:

1. Escuchar su canción favorita.

2. Escuchar de manera repentina que una persona habla como un ancestro o dice una frase usual de tu familiar
3. Encontrar una moneda o billete dentro de casa o caminando en la calle, lo que es una manifestación de amor de tus ancestros
4. Encontrar una pluma de ave que parece fuera de lugar.
5. Sentir una brisa cuando no hay nada de aire soplando a tu alrededor

Ángeles y arcángeles

Comenzar una relación de este tipo puede convertirse en una bella experiencia para ti, debido a que pueden existir momentos en los que no te sientas bien, que sientas tristeza, y acogiéndote a estas relaciones podrás llegar a sentir con el ojo de tu mente a un ángel llegando a ti y abrazándote.

Esto puede cambiar tu humor e incluso tu perspectiva, permitiéndote sentir esperanza, amor y gratitud; de una manera tan sorprendente que será un gran consuelo y apoyo para ti.

. . .

El que un ángel decida acercarse a ti y amarte en los momentos que requieras sanación para liberar pesos de tu cuerpo y mente es una experiencia maravillosa.

Incluso aunque esta ayuda no haya sido solicitada, está disponible para ti y llegará en el momento en el que lo necesites: cuentas con apoyo cósmico, y el saber esto es algo realmente maravilloso.

Puedes preguntarte en cuál es la apariencia de un ángel, pero esta visión varía dependiendo de cada persona, pero podrías llegar a encontrarte con un ser traslúcido, cuyos colores resaltan la luz propia del ente.

Sin embargo, independientemente de la experiencia, lo importante es llegar a sentir por completo el amor y la protección que estos entes te proveen; incluso, el recuerdo de esta experiencia por sí solo te hará sentir paz y calidez.

Canalizar a los arcángeles

A continuación, revisaremos información de cuatro arcángeles diferentes, tú puedes canalizar a cualquiera de ellos con quien sientas una conexión; sin embargo, debes asegurarte de tener información suficiente pobre el ser al que quieres contactar. Comencemos ejemplificando un ejercicio:

Puedes utilizar la técnica de la oración para invocar a diferentes tipos de espíritus y arcángeles, mediante un tipo de oración parecida a las que ya conoces.

"Arcángel _____, yo te invoco y te pido que vengas y compartas tu energía conmigo mientras me abro a la sanación y a la protección angélica. Permite que tu llama ultravioleta me cubra y me proteja de todas las energías que no son para mi bien ni para el bien mayor, así sea".

Tomemos por ejemplo la manifestación del arcángel Miguel. Si tú decides llamarle y él decide manifestarse, debes poner atención a todas las sombras y tonalidades púrpuras que confirmen la presencia de la energía del arcángel dispuesta a la comunicación espiritual. Teniendo esta señal, puedes decir mentalmente lo siguiente: *"Arcángel Miguel, por favor mezcla tu energía con la mía y dame la tan necesaria y apreciada guía, así sea".*

Arcángel Miguel:

- Guardián del sur
- Vinculado al elemento del fuego

- Arcángel de la protección y la pasión
- Día de honor: domingo
- Colores: morado y azul
- El saber que está cerca brinda paz y tranquilidad a quien le busque

Arcángel Rafael:

- Guardián del este
- Vinculado al elemento del aire
- Arcángel de la sanación, especialmente la sanación mental
- Día de honor: miércoles
- Color: verde

Arcángel Uriel:

- Guardián del norte
- Elemento de la tierra
- Arcángel del dinero, de la estabilidad material
- Día de honor: sábado
- Color: rojo

Arcángel Gabriel:

- Guardián del oeste
- Arcángel de las emociones, del amor
- Día de honor: lunes
- Colores: blanco y cobre

Maestros expertos ascendidos

Los maestros expertos son seres que decidieron de manera consciente regresar a la tierra con el objetivo de incrementar la conciencia cósmica. Este tipo de maestros regresan para enseñar a otras personas a dominarse a sí mismas, incluso hay corrientes de pensamiento que relacionan a personajes como Buda y Jesucristo con esta dinámica, clasificándolos como maestros expertos. Muchos de estos maestros han ascendido.

Es posible llamar a estos maestros, canalizarlos y así lograr recibir no sólo conocimientos sino mensajes de sanación.

Puedes crear una relación con algún maestro experto aprendiendo sobre lo que hicieron durante su viaje sobre el plano terrenal: llenarte de conocimiento sobre ello te facilitará el entender con quién te comunicas y guiará tus preguntas.

Recuerdos energéticos o fantasmas

Nosotros los humanos también somos seres de energía, durante las pruebas emocionales solemos liberar toda esta energía acumulada. Es común que este tipo de energía se quede estancada dentro de habitaciones y áreas cerradas, por lo que quienes no son conscientes de esto pueden obviar la energía existente cuando se mudan, por ejemplo, a una casa nueva.

La energía no limpiada o aún liberada, dependiendo de su proveniencia, puede llegar a dejar marcas energéticas muy fuertes, que puedes llegar a sentir e incluso absorber (si perteneces al grupo de los empáticos) sólo con poner un pie dentro de la habitación. ¿Nunca te ha sucedido que entras a una habitación y notas un sentimiento de molestia? Como si el ambiente fuera triste, o agresivo. Puede que, por ejemplo, una persona con depresión pudiera haber dejado esa energía en el lugar.

. . .

También puede que, en una situación contraria, alguien haya aprendido a mantener paz energética dentro de su hogar y en el lugar aún se pueda sentir esa energía tranquila y pacificadora. Lo mismo pasa en un lugar designado por alguien para rezar: un lugar en el que se rezaba todos los días mantiene a las oraciones e intenciones cerca. Debes recordar la primera ley de la termodinámica para comprender esto: la energía no se crea ni destruye, solo se transforma.

5

Reflexiones para mejorar tu práctica de comunicación

Probablemente, cuando comiences a desarrollar tus habilidades, te preguntes si lo que estás experimentando es de cierta manera real, o solo estás inventando razones dentro de tu cabeza. No debes preocuparte, ya que todas las pruebas vendrán a ti, incluso aunque no desees verlas, así que toma la decisión consciente de confiar un poco más y preocuparte un poco menos.

Aprender a ser médium es un camino sobre el que aprendes a superar la preocupación que lo que digan las otras personas pueda generar, por lo que es importante entender y valorar los procesos de entrenamiento de desarrollo, tomando en cuenta que no está mal el no tener todos los detalles y los hechos, porque esto es parte del proceso cognitivo de aprendizaje.

. . .

No podrás llevar a cabo el trabajo de médium si te encuentras en medio de una distracción constante como lo es el estar preocupado/a. Deja ir. No es necesario saber exactamente cómo lo estás haciendo, pero sí es importante confiar en que estás diciendo todo lo que es necesario comunicar. Una vez que dejes ir tu necesidad de controlar lo que existe a tu alrededor, podrás abrir los ojos a las posibilidades infinitas que existen para ti y tu desarrollo. No es necesario saberlo todo, pero sí debes dejar el proceso fluir.

Reconocer y aceptar esta verdad será liberador para ti.

No tienes que *ganar* tus dones, éstos llegan a ti, sin necesidad de arrepentimiento y mucho menos castigo. El mundo ya ha sido creado, todo lo creado está ya completo: los árboles, la naturaleza, los elementos, las almas… todo existe, desde el inicio de su vida hasta el inicio de la siguiente.

Debes superar todas las dudas que existan en ti, dejar de buscar la validación exterior como un propósito de vida, ya que es extremadamente peligroso emocionalmente, es entregar tu poder interno a personas en el exterior.

Dudar es no creer en tu persona, ni en tus conocimientos, y esto encuentra raíz en una baja autoestima o una poca valorización de tus capacidades.

Esto te llevará a un círculo vicioso en el que te obligarás a someterte a muchos cambios, únicamente para proporcionar pruebas innecesarias a los demás.

Reflexiona, ¿sería algo tan malo en realidad entregarte a quien eres en verdad? Debes dejar de decir cosas negativas sobre ti mismo/a, esto se convierte en un obstáculo a tu desarrollo. Date cuenta de que, en realidad, el ego es quien habla e impide que realices el trabajo para el que los espíritus te han elegido. Una vez que reflexiones esto, podrás sentir a tu conciencia despertando, e identificarlo será también parte del trabajo que has aceptado al iniciar estas prácticas.

Para bien o para mal, no es posible caminar la mediumnidad acompañado/a, es una tarea que tienes que enfrentar por tu cuenta. Debes seguir avanzando, sin importar las palabras negativas, dudas o miedos (internos o externos) que lleguen a ti.

Los espíritus te han elegido para esta importante misión bajo dos razones: la primera es que la sanación te ayudará a ascender a una mejor versión de ti, pero también, eres capaz de ayudar a sanar a otras personas y permitirles alcanzar la mejor versión de ellas mismas.

Existimos para sanar, ascender y servir. Recuerda eso, eres capaz.

Puede que, por ejemplo, alguna persona no te proporcione la información que necesitas para sanar, aunque la sepa, porque tenía miedo a compartir contigo lo que sabía pensando que para ti se generaría una mala imagen de él o ella. Continúa imaginando, ahora vas por la ciudad diciéndole a todo el que se cruza en tu camino que tienes poderes suficientes para otorgarle a todos lo que necesitan para cambiar su vida, y después, sientes miedo y huyes a esconderte. Esto ejemplifica no solo el control que le puedes dar al miedo sobre ti, pero también que a veces puedes llegar a sentir demasiado miedo como para actuar en dirección a lo que realmente te apasiona en la vida. Por extraño que parezca, esto sucede en realidad.

. . .

Aprender a liberar el control, darte cuenta de que tu tarea es mucho más importante dentro de este plano terrenal, ese es el deber del médium.

Las personas a las que los espíritus te guían llegan a ti porque necesitan sanar, no porque van a juzgarte o a dudar de tus habilidades. A este sentimiento se le llama resistencia, y es normal sentirlo porque todos los seres humanos lo hemos experimentado.

Toma en cuenta que el principal objetivo de cualquier persona que llegue a ti será sanar y conectar con el mundo espiritual. Existe una parte, dentro de sus almas, que añora recordar que es real el proceso de vida después de la muerte: tú serás el canal que permitirá que esto ocurra. Hay un flujo divino que se desenvuelve a través de ti, aprécialo y no lo interrumpas.

Al recién comenzar lecturas de mediumnidad, lo mejor es registrar o grabar toda tu sesión para revisarla y evaluar tu desempeño y dominio. Incluso, si comienzas a hacerlo para otras personas, puedes entregar estas grabaciones a la otra persona, lo que te quitará un gran peso de encima.

. . .

Es común que, durante las lecturas, la persona para la que se realiza la sesión se sensibilice, lo que provocará que no ponga mucha atención a la información proporcionada.

Estando dentro del flujo divino la sanación ocurrirá, a pesar de que tarde un poco en llegar.

No hay necesidad de preocuparte por eso, ninguna de las sesiones se trata de ti, sino que responden a un propósito más grande, a la conexión del espíritu con sus seres amados, tú únicamente eres un canal de contacto.

Se sugiere grabar porque puede suceder que mucha información pase desapercibida, especialmente si no hay nadie más escuchando las palabras claves y los eventos. Es un flujo, y bajo estas características, tu rol no es detectar y liberar la información que se genere sino mantener el corazón abierto para generar un canal de comunicación efectiva. Es por esto que la grabación permite un proceso posterior de relajamiento y escucha activa.

Confía en la información que llegue a través de ti, todo lo que se te diga durante una lectura es importante no solo comunicarlo sino interpretarlo. Dentro de todo el proceso, la tarea más importante que tienes es hablar.

Resistencia

Una vez que tu confianza en los espíritus comience a crecer, serás capaz de observar la resistencia que has impuesto al viaje y al proceso. Esto también puede servirte para analizarte a ti mismo/a, aprender a identificar a todos los demonios mentales internos que se manifestarán ante ti durante tu viaje. Tu comportamiento, incluso, puede revelarse como un enemigo a tu persona; todas las dudas que surgen, las palabras negativas que te hacen sentir incapaz o inferior, puede que provengan de ti mismo/a.

Imagina que necesitas obtener resultados, y no te das cuenta de que eres tú quien te impide llegar a estos resultados. Deja ir la necesidad de presionar a otras personas, pero aún más importante, deja ir la necesidad de presionarte a ti. Esto le puede suceder a cualquiera, pero sin duda afecta seriamente aspectos importantes de la vida como las relaciones y el trabajo, así que no dudes de tus palabras ni de tus instintos.

. . .

La meditación es una herramienta poderosa para ayudar a aterrizar la energía y superar este tipo de bloqueos. Las dudas y las interpretaciones personales no deben impedirte el entregar mensajes completos; sin importar que algo no tenga sentido para ti, puede que sí tenga todo el sentido del mundo para la persona a quien realizas la lectura, no hay manera de saberlo sin comunicar.

Aceptar la tarea de ser mensajero o mensajera de los espíritus es identificar la necesidad de superarte a ti mismo/a. Parte de ser un médium es entender que nada de lo que suceda durante los procesos comunicativos se trata de ti, sino de espíritus trabajando a través de ti para lograr sanar a las personas que aman.

Nada tiene que ver con tu ego y no debes dejar que éste domine tu viaje. Al contrario, cuando comienzas a confiar en la relación que has construido con los espíritus, aprendes a dejar de creer que todo se trata de ti, aprendes a aceptar lo que los demás te comunican. Tú ahora eres un/a sirviente, elegido/a por los espíritus y las fuerzas mayores a ti. Es una elección liberar las partes oscuras de tu persona que reclaman el control de todo a tu alrededor y que afectan tu vida de manera negativa; así como puedes elegir dejar que el poder divino fluya a través de ti.

. . .

El principal objetivo de los espíritus será que comuniques la información que llevan a ti, ya que estas ideas y pensamientos no son sobre ti, sino sobre la persona a la que realizas la lectura. No pierdas esto de vista de ninguna manera: al comenzar una lectura de mediumnidad, todo lo que sucede durante la sesión es parte de esta lectura.

6

Técnica de canalización por psicometría

Es posible generar un proceso de canalización mediante la psicometría, que es una disciplina encargada de medir y cuantificar variables en la psique. Es parte de las herramientas de claridad, conocida como claritangencia (un tacto claro, como si tuvieras ojos en las manos). Esta habilidad te permitirá percibir historias sobre los objetos simplemente tocándolos, y esta herramienta es sumamente valiosa para el trabajo del médium.

La psicometría refiere a una lectura basada en interpretar la energía de una imagen u objeto, tanto para dar lectura de energía del mismo o para acceder a la energía de la persona que falleció y a la que se quiere convocar.

. . .

Por ejemplo, si alguien acude a ti con una fotografía de algún familiar, el médium con esta habilidad puede concentrarse en mirar la fotografía invitando al espíritu a unirse a la sesión.

¿Recuerdas lo que se explicó sobre las habilidades de claridad en capítulos anteriores? Hay muchas maneras en las que un espíritu puede elegir comunicarse, y entre estas puede estar la opción de hablar, mostrar imágenes, símbolos, o hacerte sentir diversas sensaciones dentro del cuerpo para conectarte con el mensaje.

En este caso, la psicometría puede realizarse a través de un objeto personal, y ocurre cuando se mezclan las energías y aparece la información ante ti: nombres, fechas, razones de muerte, recuerdos precisos de momentos especiales y características importantes de alguna u otra persona.

Canalización por medio del tarot

El proceso de lectura hecho a través del tarot te permite utilizar la carta como un ancla.

. . .

Permite que la carta elegida sobresalga de la baraja, porque esto es una prueba cognitiva y visual de que no fuiste tú quien hizo salir la carta. El que ésta sobresalga de la baraja o que llame fuertemente tu atención te dará una señal de la dirección, el tema y el mensaje al que el espíritu en cuestión busca que dirijas tu concentración.

1. Este tipo de lectura inicia recitando una oración de apertura. Como ya sabes, es necesario que antes de comenzar cualquier sesión de lectura o sanación, establezcas tu intención para la experiencia mediante la oración. Puedes pedir a tu equipo de espíritus, a tu ser elevado, a tus guías espirituales o a tus ancestros más amados que sean parte de tu lectura.

Como ya sabes, el círculo se abre golpeando tres veces el suelo o sonando una campana, debes pedir que se abran las puertas o el círculo. Si ofreces una lectura para alguna otra persona, asegúrate de incluir su nombre en la apertura. Aquí tienes un ejemplo:

"Querido espíritu, por favor permite que este espacio esté limpio y abierto para que comience tu divino trabajo.

. . .

Querido espíritu, por favor permite que mi acompañante esté a punto de recibir lo que necesita en su vida. Por favor permite que su equipo de espíritus hable libremente durante esta lectura. Por favor permite que esta lectura sea para el bien mayor de mi acompañante y para el bien de todos. Así sea".

Después de esto, deberás golpear tres veces el suelo y decir *"abran las puertas"*. Así, abrirás el círculo.

2. Una vez abierto, serás capaz de ver lo que tu acompañante ha vivido a lo largo de la semana. La carta que sobresalga primero en la lectura de tarot será el tema que deberás seguir. Si esto ocurre, puedes tomarte un tiempo para meditar al respecto y preguntar a los espíritus el por qué ha salido esa carta específica, para ayudarte a comprender. Deberás estar muy atento/a ante todo lo que suceda después de hacer esta pregunta, listo/a para recibir una respuesta, porque seguramente llegará a ti.

3. Lo que sigue es preguntar para cuántas preguntas es necesario hacer espacio; generalmente, se suele necesitar espacio para 6 o 7 cartas, que deberás voltear una a la

vez. Haciendo esto, no te abrumará toda la información que va a llegar a tu mente.

4. Debes preguntar si existen espíritus esperando a comunicarte algún mensaje. En este punto, seguramente te sorprenderás por la rápida respuesta que obtendrás.

Algunas veces, hay varios espíritus intentando hablar, por lo que deberás establecer límites y poner orden en la sesión. Al final de este procedimiento, veremos algunas técnicas para poner límites.

5. Después de comunicar el mensaje, debes dedicar unos minutos a contestar las preguntas de la persona que te acompañe. Cuando todas las preguntas hayan sido contestadas (esto se debe hacer dentro de un periodo de tiempo designado), podrás cerrar la sesión.

6. Tendrás que agradecer a todos los espíritus que acudieron a ayudar con la lectura, liberando a aquellos que necesiten irse. Para terminar, deberás tocar una campana o golpear de nuevo tres veces el suelo o la mesa en la que trabajes, y después pedir que se cierren las puertas o el círculo.

. . .

Cómo establecer límites

Puede que los espíritus se comporten de la misma manera a como lo hacían en vida; esto significa que probablemente encontrarás a espíritus insistentes, parlanchines, bromistas, malhumorados o tal vez a algunos cuantos sumamente arrepentidos por la manera en la que trataron a los demás en vida. En esta experiencia, es sumamente importante crear límites con los espíritus que te acompañen en tus prácticas.

Es sumamente importante que las lecturas se desarrollen dentro de un ambiente de respeto mutuo. Es por esto, por ejemplo, que siempre se le agradece al espíritu que aparezca en una lectura; porque la oportunidad para canalizar para otras personas es un verdadero regalo.

Incluso puedes llegar a recibir un pago por los servicios de sanación que ofrecerás al mundo, llegar a experimentar con frecuencia la confirmación de existencia de lo sobrenatural o aún mejor, encontrar un propósito de vida.

. . .

Debes ser cuidadoso/a cuando estás empezando, porque te encuentras ante la posibilidad de identificar a muchos espíritus a la vez sin haber antes establecido límites.

Como lo dijimos anteriormente, esto dificultará la concentración en aquel espíritu que es necesario contactar; además, puede ocurrir que haya algún espíritu insistente que se aproveche de la falta de barreras e intente comunicarse contigo incluso cuando tú no deseas hacerlo.

Estos son momentos difíciles para los médiums, que traen como consecuencia bloqueos que eventualmente dificultarán la práctica, creando una gran tormenta emocional que puede llegar a bloquear tus receptores.

A pesar de ser mensajes e interacciones inofensivas e inocentes, la insistencia puede llegar a crear molestias y procesos intrusivos, porque los espíritus son capaces de acceder a tu energía sin permiso. Esto es, por ejemplo, como si alguien llegara de la nada a darte órdenes: los espíritus acceden a tu energía y cambian tu visión para llamar tu atención.

. . .

Es por esto que es sumamente necesario establecer límites, elegir cómo, cuándo y dónde entregar los mensajes que tú decidas. El mundo espiritual debe saber que, aunque has decidido estar al servicio de la humanidad, tienes una vida propia.

Las experiencias pueden ser, en su mayoría, agradables, cálidas e incluso enternecedoras, porque las personas llegarán a escuchar cosas importantes de sus seres más amados; pero no es agradable que un espíritu repentinamente te transmita un mensaje mientras estás ordenando algo, en la fila del banco o en consulta con tu médico.

Esto incluso podría hacer a los demás pensar que has perdido la cordura si sucede en un lugar público, aunque también, puede que después de dar el mensaje y ver tus habilidades, más personas quieran que entregues mensajes para ellas. No tengas miedo de tu grandeza ni escondas tus habilidades, esto es ego y miedo a perder el control, pero los límites son necesarios para aprovechar tus grandes habilidades, otorgando dentro de tu tiempo y posibilidades todos los mensajes que las personas necesitan escuchar. Comencemos con los límites:

1. El primer paso es decir una oración antes de comenzar tu lectura, puede ser en voz alta o

de manera mental, pero siempre debes establecer tus intenciones y una atmósfera, dependiendo de lo que mejor funcione para ti.
2. Posteriormente, con la oración darás a conocer lo que esperas de la sesión.
3. Al encontrarte fuera de tu lugar de trabajo y no querer hacer lecturas, debes aterrizar al momento de sentir energías espirituales llegando a ti. Respira profundamente y trata de tranquilizar tu energía; el proceso de afianzarte a la tierra puede ocurrir diciendo cosas dentro de tu mente pues los espíritus también se comunican de manera telepática.
4. Puedes comunicar que no estás disponible en ese momento ya que es tu tiempo libre o personal. Si continúas lidiando con un espíritu demasiado insistente puedes llegar a preguntar cuál es la urgencia, si así lo deseas.
5. Al detectar energía que no es la tuya, puedes establecer libremente que esta energía no te pertenece y mandarla de vuelta. Esto ayuda especialmente cuando comienzas a detectar la energía de otros seres.
6. Es necesario que establezcas horas de trabajo. Puedes ser flexible, pero debes comprometerte a planificar tu vida y tu horario. El mundo de los espíritus se conforma de manera diferente, pero ser específico/a en tu horario lleva al

entendimiento de que te encuentras ocupado/a. Así, los espíritus aprenden tus patrones de comportamiento e identifican cuando es un buen momento para contactarte y cuándo no lo es.
7. Al terminar una lectura, debes no sólo agradecer a los espíritus por acudir al llamado, sino también por respetar tu tiempo y espacio.

Puede que llegues a sentir culpa por esta fijación de límites, pero debes ser sumamente consciente que de este proceso es por tu bien, para cuidar de tu persona. Esto también te ayudará a estar presente en el momento y lograr canalizar de manera adecuada para otras personas. Establecer barreras y límites para personas en el mundo terrenal es el mismo proceso que establecer barreras con el mundo espiritual. Respetar ambas reglas tendrá un efecto positivo en ti al largo plazo.

Canalizar la sanación por medio de la danza

Bailar es utilizar tu energía, y ésta genera un gran impulso para cualquier intención que tengas. Este proceso es bello y complejo, pues una frecuencia coexiste directamente con cada paso, y tú, envías al universo una frecuencia con cada movimiento que realizas.

. . .

Hay un tipo específico de danza que también tiene la intención de hacer una conexión espiritual, como si la persona que baila se volviera otra: este es un proceso de canalización. Hay personas que canalizan para convertirse en un portal entre el mundo físico y terrenal, pero existen otras que bailan por el simple arte y gusto de la conexión espiritual.

La espiritualidad africana utiliza la danza como una poderosa herramienta para cargar de magia tu oración de petición. Este tipo de práctica canaliza la energía del éter, del mundo espiritual.

Otro tipo de mundos, como el de los Ifa, los Voodoo, los Orisha y los Iwa, tienen otro tipo de danzas con cantos correspondientes para lograr invocar la energía del mundo espiritual. El propósito de esto es llenarte con el poder de esta energía, que después serás capaz de proyectar a la atmósfera. Este proceso es una manera sumamente poderosa de canalizar.

Dejar que el cosmos fluya a través de ti electrificará y transformará a las personas alrededor mientras la energía espiritual se encuentre en movimiento. Incluso, en un proceso mucho más profundo, podrías ser capaz de sentir dentro del alma la necesidad de moverte, sin saber exactamente por qué, pero sintiéndolo fuertemente.

Objetos con los que puedes canalizar

El acceso a tus vidas pasadas, por ejemplo, o el recordar algunas cosas que hiciste a partir de tus genes ancestrales es un proceso que se logra bajo la memoria en tu línea de sangre. Los espíritus pueden ser capaces de guiarte en ocasiones para tomar algunas cosas que ayudarán a esta práctica. Este tipo de prácticas íntimas son para fortalecerte y el ejercicio se hace con un pleno objetivo de espiritualidad.

- Alcohol: además de esto, necesitarás una vela. Este insumo se utiliza para alinear tus energías con la intención de la vela. Lo que debes hacer es tomar un pequeño trago de alcohol y escupirlo sobre la vela, de manera controlada, como si fuera un spray. Este procedimiento se recomienda 3 veces.
- Cannabis: esta sustancia es relajante. Los nativos americanos pensaban que esta planta era una hierba sagrada, y era utilizada para

ayudar a sanar a las personas, pero también con el objetivo de limpiar, clarificar y liberar tensiones.

- Vela amarilla: este insumo se requiere de este color específico para lograr fortalecer la creencia en tu persona, ser también un amigo/a para ti mismo/a.
- Miel virgen sin filtrar: que simboliza al amor propio y a la dulzura necesaria para entender todos los procesos que vengan.
- Hierbas: es necesario que sean hierbas con las que tengas una conexión, que sean tus favoritas, por ejemplo, como canela o hierbabuena.
- Música: identifica sonidos que te hagan sentir vivo/a, elevado/a, que tengan suficientes vibraciones para hacerte disfrutar de la experiencia.
- Aceites esenciales: la menta sirve para refrescar al espíritu, el eucalipto abre tu espíritu al ritual que comenzarás, la canela provee de un dulce y calmante aroma y la caléndula permite que lleguen a ti bendiciones espirituales, por ejemplificar algunos aromas.

Escuchar a tu guía espiritual puede ser de suma ayuda para saber qué debes usar y cómo debes usarlo. Por ejemplo, puedes tomar las hierbas y escuchar música que te provoque un estado mental abierto y consciente a las vibraciones; aquí la elección de música dependerá de ti, pero se recomiendan tambores ancestrales o música que te calme y te permita conectar con tu energía.

Por otro lado, tus guías espirituales podrían recomendar también el bailar alrededor de la vela. No tengas pena, puedes intentarlo e incluso divertirte durante el proceso.

Puede que también recibas mensajes mientras bailas, y será importante que tomes nota de esto para después analizar lo que llegó a ti.

Tablero de ouija o tablero espiritual

El tablero espiritual, mejor conocido como ouija, ha sido sumamente polémico y las series de terror y películas del mismo género se han encargado de crear miedo alrededor de éste, refiriéndose a él como algo peligroso y fuera de control. Puede que en este momento tengas miedo de la ouija, pero después de leer esto espero calmar un poco tu ansiedad y dudas.

El tablero espiritual, al igual que los cristales o las cartas del tarot, es una herramienta que, al igual que todas, es importante rezar y limpiar antes de utilizarla para remover cualquier tipo de energía no deseada. Este proceso de limpia se sugiere durante los diferentes ciclos lunares. Así, también debes saber que puedes comprar tu tablero o fabricar alguno por tu cuenta.

Utilizar una ouija no significa perder el control de tu persona, porque ésta es una herramienta que lleva a un ligero estado de trance dentro del proceso de mediumnidad. Tu guía espiritual te llevará a ti y a tus movimientos cuando utilices el tablero, de manera sencilla y tranquila.

Escritura automática

Esto no es tan increíble como las películas y los programas televisivos lo hacen parecer. Más bien, el proceso de escritura automática refiere a recibir inspiración, como si existieran descargas de información e ideas dentro de tu cerebro, llenando tu mente, lo que te lleva a escribir.

Existe otro tipo de experiencias en las que el espíritu posee tus manos y escribe a través de ti un mensaje que desea transmitir. Este tipo de don es extraño de encontrar, pero, igual que con los demás dones espirituales, es necesario entenderlo, desarrollarlo y procurarlo.

7

Técnica del trance

Un proceso de mediumnidad de trance permite que el mundo espiritual trabaje de manera física a través de ti para lograr realizar acciones dentro del plano terrenal.

Mover cosas en el reino físico requiere de un cuerpo, que nos permite crear, generar, provocar cambios en esta área.

El punto para realizar un ejercicio de trance es saber cómo es que las cosas funcionan dentro del cuerpo humano.

Tú, como ser vivo, eres también un espíritu que camina en esta tierra dentro de un cuerpo humano.

. . .

Cuando logras alinearte y trabajar en conjunto con tu espíritu, eres capaz de crear y provocar cambios en el mundo. Así, un proceso de trance permite que el médium siga consciente, a pesar de que no controle los movimientos que realice.

Este tipo de mediumnidad es completamente pasiva, todo lo que hace el médium es encontrarse en un segundo plano y observar mientras el mundo espiritual se apropia de la mente del médium para comenzar a realizar su trabajo. La telepatía es la manera de comunicación por excelencia del mundo espiritual, porque comunica pensamientos e ideas por otros medios fuera de los cinco sentidos principales que regulan al ser humano.

Se médium es tener una relación directa con el mundo espiritual. Esta relación comienza desde el momento en el que naces y llegas al mundo terrenal, aunque puede que no seas consciente de eso al momento. Conforme comienzas a practicar y abres tus habilidades para recibir información a través de los sentidos, tu impacto y consciencia se incrementan.

. . .

Te puedo contar, por ejemplo, que la energía no tiene color.

Sin embargo, llegamos a identificar colores porque el propósito es estimular los sentidos físicos para así procesas la información que llega a nosotros por medio de frecuencias. Sabiendo esto, comenzaremos a examinar la forma en la que identificamos los chakras, ya que cada frecuencia suele ser identificada con un color en específico.

- Chakra raíz = color rojo.
- Chakra sacro = color naranja.
- Chakra del plexo solar = color amarillo.
- Chakra del corazón = color verde.
- Chakra de la garganta = color azul cielo.
- Chakra del tercer ojo = color índigo.
- Chakra de la corona = color violeta.

Se conocen 13 chakras conocidos dentro del cuerpo humano, aunque en realidad existen cientos de chakras dentro del cuerpo humano. Los arriba enlistados son los 7 chakras principales.

El chakra raíz se manifiesta con un color rojo sumamente brillante y vibrante. La razón de esto, es que el color rojo representa la energía de la pasión, una emoción sumamente poderosa porque permite identificar un punto específico en el que concentrarnos.

Utilizar los colores como puntos de energía es benéfico porque permite expresar la seguridad que tenemos ante las emociones que recibimos, volviéndolas algo visible.

El color rojo se relaciona también con el fuego, así que conforme nos sentamos y vinculamos con el fuego de nuestra energía, permitimos que las llamas de ésta misma se eleven. El permitir a tus llamas internas y externas levantarse, abre y limpia chakras ascendentes.

Por otro lado, el color naranja se relaciona directamente con las emociones, y, por ejemplo, las puntas de las llamas del fuego son de un intenso naranja capaz de penetrar a las personas fácilmente, igual que nuestras emociones. El chakra sacro, representado por este color, se encuentra entre la pelvis y el ombligo, un lugar relacionado a las áreas en las que solemos almacenar estrés de energía emocional, dolor y tensión, como lo son la espalda baja o el cuello. Esta energía ayuda a identificar cómo maneja nuestro cuerpo las emociones.

· · ·

Cuando medites, si llegas a ver colores moviéndose, seguramente estás viendo un aura. Los colores que veas corresponden a tu aura, y seguramente te ayudará a ver más allá dentro del mundo espiritual conforme desarrolles tu visión al meditar.

Ver a tus chakras fluyendo en ambas direcciones, entre tu cuerpo físico y el mundo espiritual, es una experiencia sumamente mágica.

La energía pasa a través de la parte frontal de tu cuerpo y sale de él por medio de la espalda. Tenemos chakras en todo el cuerpo, así que ver tu propia aura es una señal de crecimiento, que indica que tu clarividencia crece, que tu tercer ojo se abre y que, en general, tu persona se está desarrollando.

Expandir tu consciencia es como ver cómo una sola gota de agua salada en el océano se expande para crear un océano nuevo y completo. Incluso, si aplicas este conocimiento a sesiones de sanación aplicadas a otras personas bajo la mediumnidad de trance, podrás verte como tu cliente y a tu cliente como si fuera tú.

Durante la sesión de sanación bajo una lectura de trance, tu energía y la energía de la persona que te esté acompañando se mezclará. A partir de esto, podrás comunicarte con los espíritus en tu mente, y en ese momento serás capaz de indicarle al mundo espiritual que serás un elemento pasivo y únicamente mirarás el proceso.

La clarividencia, la clarisentencia o la clariaudiencia te permitirán entonces ver lo que el mundo espiritual te mostrará durante el trance. La conexión que tengas con el espíritu en este tipo de sesiones se fortalecerá en tanto practiques y hables con él. También debes tomar en cuenta que es sumamente valioso continuar con tu entrenamiento, sesiones de práctica y círculos de desarrollo.

Al comenzar la meditación, debes poner atención a tu respiración, tranquilizándote y entrando en un estado de relajación que te permita moverte a una posición pasiva.

Este momento es el ideal para comunicarle al mundo espiritual que tu única intención es mirar, y entonces, serán los espíritus quienes hagan todo el trabajo, dejándote a ti como un testigo de este milagro.

Los espíritus trabajarán en el cuerpo energético de la persona que te acompañe, y al mismo tiempo, te señalarán partes de su cuerpo con las que tenga problemas: lo sabrás porque estas áreas brillarán con una luz diferente.

Las zonas con problemas son de especial interés para los espíritus, y sin duda te comunicarán lo que está sucediendo en estas áreas y los procesos que puedes seguir para ayudar a sanar.

En este punto, debemos diferenciar este tipo de práctica médium de la mediumnidad probatoria, en la que eres un médium activo que comunica los mensajes que ve mientras éstos ocurren. En el proceso de trance, eres únicamente un testigo en espera de que el mundo espiritual termine con el trabajo. Cuando esto suceda, entonces sí serás capaz de comunicar los mensajes y descubrimientos que hayas experimentado.

Para practicar procesos de trance, debes haber practicado tu desapego. Muchas veces, lo que facilitará confiar en los espíritus de una manera total es no saber nada de la persona que te acompaña en la lectura. No es fácil detectar que una persona querida tiene un problema de salud, ya sea física, emocional, o mental; pero tu papel es únicamente ser testigo de lo que está pasando para después comunicar a la persona los actuares del mundo espiritual y los lugares que concentran como relevantes para la sanación.

Después de terminar este tipo de sesiones, debes limpiar tu propia energía antes de hacer cualquier otra cosa.

Este proceso es sumamente importante, y se realiza bajo los siguientes pasos básicos:

1. Cierra los ojos.
2. Respira profundamente tres veces para limpiar y aterrizar tu energía.
3. Pide a tu espíritu guía que acuda y te ayude con la sanación de trance.
4. Comunícale a tu guía espiritual que sólo estás ahí para observar y documentar lo que ocurre durante la sanación.
5. Agradece al mundo espiritual por haber acudido y por realizar la sanación.
6. Transmite el mensaje de lo que ocurrió a la persona que te acompañe.

Puedes llegar a ver o sentir diferentes cosas, esto dependerá de la persona para la que hagas la sesión.

. . .

Mezclar tu energía con alguien más llegará a hacerte sentir lo que esta otra persona siente y ver lo que padece.

El dolor, como mencionamos antes, se manifiesta como un brillo en la parte del cuerpo afectada. Esta conexión también te permite ver y sentir cuando los espíritus sanan a la otra persona.

8

¿Qué pasa después de tener éxito comunicándote con espíritus?

Debes conocerte a ti mismo/a para saber cómo implementar los dones que te fueron otorgados en este mundo físico. Puede que ahora te reconozcas como médium, pero, ¿qué significa esto para ti? Pues que debes revisar tus experiencias de vida, explorar las diferentes ciencias para desarrollar la capacidad de conocerte mejor. Una manera de realizar esto, es aprender sobre tu firma galáctica, lo que incrementará conocimiento sobre ti y ayudará a decodificarte.

La firma galáctica es la representación energética de quién eres dentro de todo el cosmos, cada firma galáctica es un código de varias capas. Su firma incluye los siguientes elementos: un número de "parentesco", una familia terrestre, un chakra, un planeta y un clan.

...

En total, hay 20 sellos solares y a cada uno se le asigna un tono cósmico dependiendo de la luna en la que se nació (hay 13 tonos, es decir, del 1 al 13).

Escuchar tu hechizo de sueño sobre la firma galáctica que te corresponde, te hará sentir como un chamán; solo es necesario dejar que la energía de escuchar esta información llene toda tu mente y cuerpo. Existen personas que han manifestado escuchar tambores y sentir que su cuerpo se transporta a un círculo espiritual al identificar su firma galáctica. Es una explosión tan grande de energía que te puede llevar a partes impensadas, perdiéndote dentro de ella.

Es necesario que las personas entiendan quiénes son en el cosmos, que es un gran océano galáctico en el que coexisten diferentes energías, personalidades, familias y tribus. Hay muchas cosas que no sabemos del profundo y místico mar azul aquí en la tierra, y con el cosmos la dinámica es igual: no necesitamos saber todo lo que hay dentro del cosmos, así como aún no sabemos todo lo que hay dentro del océano. De la misma forma, el saber todo lo que hay en el océano sobre nosotros es innecesario, pero es importante conocer lo básico.

...

Así, el proceso es primero averiguar cuál es tu firma galáctica, para después poder buscar hechizos de sueño.

Un hechizo de sueño es tu firma galáctica, pero transformada en un cántico único para ti, una experiencia maravillosa para vivir y escuchar.

Decodificarte a ti mismo/a es un proceso sumamente satisfactorio, que te permite encontrar la estabilidad en tus prácticas espirituales, fortaleciendo tu relación con los espíritus. Todo lo que necesitas para decodificarte eres tú mismo/a.

Este proceso es una forma más elevada de amor propio en la que te encuentras invirtiendo tiempo en tu propio desarrollo, lo que a su vez te da confianza para seguir adelante, sabiendo de manera plena y consciente quién eres, qué es lo que debes hacer en este mundo y cuáles son los dones que te fueron otorgados.

Puede que seas una de esas personas que no tienen tiempo o energía para ellas mismas, o que no estés seguro/a de cómo iniciar este proceso.

· · ·

Una opción para ayudarte con esto es buscar a un médium que ofrezca lectura de firmas galácticas, esto te ayudará a saber más sobre tu persona y aprenderás más sobre la galaxia en la que vivimos, lo que a su vez te permitirá ascender a una mejor versión de ti y aprender sobre la comunicación espiritual.

Hay otra manera de decodificar a tu persona y esta es conocer tu número de camino de vida en numerología. Todas las personas cuentan con un número de destino, un número de alma, un número de camino de vida y un número de nacimiento que definen de cierta manera la misión del alma que se tiene para con el planeta Tierra.

Si quieres identificar tu número de camino de vida, será necesario que a partir de tu fecha de nacimiento sumes todos los dígitos, hasta tener una sola cifra de un dígito entre 1 y 9.

Por ejemplo, digamos que naciste el 12 de diciembre de 2012. Tendrías que iniciar sumando 1+2=3 por el día, 1+2=3 por el mes y 2+1+2=5 por el año. Después de esto, es necesario sumar 3+3+5=11 por la fecha completa, y, finalmente, como son dos cifras deben ser sumadas para llegar a una sola 1+1=2.

. . .

Así pues, para alguien que nació el 12 de diciembre del 2012, el número de camino de vida sería el 2.

Hay otra manera de decodificarte a ti mismo/a: mediante la investigación de la astrología occidental. Es común que la gente conozca que su signo solar es el signo de la carta natal, como lo son acuario, tauro, leo, y demás. Claro que saber tu signo solar es un muy buen punto de inicio, pero todavía hay mucha información que se puede aprender dentro del proceso de decodificación energética.

Puedes comenzar por pedir una lectura de tu carta natal, para tener un espectro completo de las diferentes energías en tu interior. Debes saber sin embargo que cuentas con un signo solar, un signo lunar, un signo ascendente, un planeta de la suerte, un signo de Saturno que define tus lecciones, un signo de Neptuno y un signo de Plutón que suele acompañarse por la generación en la que naciste.

Todos estos signos se complementan con un grado que apunta a la energía exacta que habita en tu interior.

. . .

El proceso de exploración personal puede llegar a ser algo muy divertido.

Es sumamente interesante, además de benéfico, saber quién eres, más allá de lo que las otras personas te han dicho que serías durante toda tu vida. Decodificarte ayuda a experimentar bajo tus propias reglas, explorando los colores de verdad auténtica. Es un proceso que se siente como reaprender todo lo que sabías sobre ti y luego identificar cada una de estas nuevas lecciones aprendidas.

Saber quién eres con certeza incrementa tu capacidad de no confundirte en tu camino de mediumnidad. Ser un médium requiere valentía y fuerza ya que, debido a la falta de entendimiento, seguramente habrá personas que serán un reto en tu camino. Para seguir este llamado es sumamente necesario ser valiente y lo suficientemente atrevido/a para adueñarte de tu propia mediumnidad. Es necesario que aceptes ser quien eres sin importar lo que las otras personas intenten decirte o cambiar en ti.

Por otro lado, puedes liberar las otras manifestaciones de resistencia y seguir manteniendo una relación de honestidad contigo mismo/a. La liberación y resiliencia va mucho más allá que el proceso de deshacerte ideas, pensamientos y actitudes. A veces, liberar significa dejar ir relaciones personales o cambiar tu perspectiva sobre esas relaciones.

La resiliencia aumenta tu fortaleza espiritual. Tienes que tener claro que no todo el mundo estará de acuerdo contigo, y no todo el mundo es capaz de seguir el camino que tú quieres seguir. Algunas personas están en tu vida por un tiempo y por una razón específica, y después de cumplir con este cometido, será todo. Es importante que comprendas que esta verdad existe para que tú la aceptes cuando estés listo/a para hacerlo.

Uno no puede presumir el dejar atrás una mentalidad de escasez para luego continuar manteniéndola y rodearse de amigos que solo hablan de eso. Dejar ir significa liberar la energía negativa y poco fructífera que te rodea y que mantiene dentro de ti esa mentalidad de vibraciones inferiores.

Ejercicio de meditación consciente

La meditación se realiza con un propósito específico: ayudarte a identificar la importancia y valor de tu persona en el presente. El tiempo es una ilusión que te distrae del ahora, y la meditación es un buen camino para entender esto, enseñándote a dejar ir tu ego y alejarte de todo aquello que evita que desarrolles todo tu potencial.

Una buena meditación, consciente, te ayudará a experimentar tu verdadero ser, tal y como es. Lograr esto permitirá que abras tus sentidos de manera completa e integral, para poder utilizar tus habilidades espirituales y psíquicas, y además de eso, desarrollar todo el potencial que albergan.

También, una buena meditación logrará tranquilizar los ruidos en tu mente que te agobian y distraen, para que tengas acceso a tu conciencia profunda. Serás capaz de poner más y mejor atención al mensaje espiritual que se te presente en diferentes formas cuando por fin logres concentrarte en el presente.

Para comenzar, debes sentarte cómodamente en un lugar en el que no lleguen distracciones a ti. Cierra los ojos, asegúrate de sentirte completamente cómodo/a. Después de esto, debes poner atención a tu respiración, concentrándote en su ritmo y candencia: no es necesario que modifiques la forma en la que respiras, ya que cuanto más te adentres en tu proceso de meditación, ésta se volverá lenta y profunda sin que lo fuerces.

Debes mantenerte sumamente concentrado/a en tu respiración, hasta que te conviertas en uno/a con ella.

Si llegas a tener pensamientos que te distraigan de esta tarea, en el momento en que seas consciente de esto vuelve a poner atención en el presente, no te recrimines ni castigues por esos pensamientos. Lo único que debes hacer es volver a poner atención cada vez que te distraigas.

Lo siguiente es comenzar a dejar ir todos los pensamientos, miedos y preocupaciones que podrían llegar a impedir el acceso a tu conciencia profunda. Concéntrate y deja ir todo lo que crees que sabes; más bien, piensa en todo lo que quieres conocer.

Cuando te sientas listo/a, imagina una mesa frente a ti. En esta mesa estás dejando todos tus miedos y preocupaciones, sacándolos de ti y posicionándolos uno por uno.

. . .

Imagínate deshaciéndote de todas las percepciones que tienes sobre tu persona y de las percepciones que los que te rodean tienen sobre ti. La persona que crees que eres, la que quieres ser y la que otras personas creen que eres ya no es relevante. Debes dejar ir todas esas ideas. Una vez que hayas puesto sobre la mesa todas estas ideas, podrás sentir cómo te vuelves más libre y ligero/a.

Debes concentrarte en el momento, poner atención a las sensaciones que rodean tu cuerpo y considerar todos los sonidos, aromas y sensaciones que se presentan en tu entorno. Si llega a surgir una preocupación o pensamiento específico durante tu meditación, imagínate sacándolo de ti y colocándolo en la mesa frente a ti.

Permítete entrar a tu interior más profundo, concéntrate y atraviesa la superficie de tu mente. Observa los pensamientos que flotan alrededor de ti, pero no les pongas atención, sólo déjalos pasar o colócalos sobre la mesa.

Dentro de este estado de meditación, puede ser que sientas algo de resistencia y ansia, como si algo malo fuera a suceder si continuaras con el proceso. Deja esta sensación sobre la mesa también y permite a tu atención mantenerse en el presente, con consciencia y apertura a la experiencia psíquica que te puede suceder en cualquier momento. Sigue adelante.

9

Beneficios que obtuvimos a partir de la práctica

MUCHAS PERSONAS CONSIDERAN que las habilidades psíquicas y espirituales son dones, debido a los beneficios y el talento que representan. Una persona receptiva a la comunicación psíquica, es también una persona avanzada en lo emocional, mental y espiritual. A pesar de iniciar este camino únicamente con la curiosidad de comunicarte con los espíritus, ahora que sabes que tienes más sentidos, además de los físicos tradicionales, no aprovechar las habilidades espirituales sería limitar a tus propias capacidades.

Todos los seres humanos son capaces de acceder a estas habilidades elevadas, siempre que estén dispuestos a ser más conscientes sobre el mundo espiritual y psíquico.

· · ·

Esta inteligencia superior va mucho más allá del razonamiento personal, que incluso es una limitante que sufren todos los seres humanos. Por otro lado, la inteligencia superior es fiel a la consciencia psíquica y ayuda a desarrollarte en diferentes aspectos de la vida.

El dominar tus habilidades psíquicas puede ayudar a conocerte mejor de manera interna para así descubrir qué es lo que ocurre en tu vida y también para identificar soluciones a los problemas que puedas atravesar. Todas estas habilidades son capaces de ayudar así a mejorar tu vida personal, social, profesional y espiritual. Para concluir, veamos algunos beneficios de todas las habilidades que has desarrollado durante tu proceso de comunicación con los espíritus.

Mejoras tus maneras de comunicar

El desarrollo de tus habilidades telepáticas y espirituales permite que mejores de la misma manera tus habilidades comunicación y empatía, tanto contigo como con toda la gente que existe a tu alrededor. Desarrollar estas habilidades potencializa tu ser y relaciones.

. . .

En pocas palabras, la comunicación superior incrementa tu capacidad de intimar con otras personas y conocerlas a fondo, así como mejorar tu inteligencia emocional e identificar lo que las personas sienten, que es una herramienta invaluable para saber cómo responder a ciertas circunstancias.

Además de esto, encuentras maneras de comunicarte más precisa, sin malentendidos y errores típicos del lenguaje hablado o escrito, que no permite comunicar con precisión emociones ni sentimientos. Así pues, una comunicación espiritual y mental te permite compartir la realidad de forma precisa, exactamente igual a como la piensas, o entender de buena manera lo que el otro está intentado comunicar. Sólo necesitas concentrarte en transmitir la información por medio de tu mente y estar sumamente atento/a para recibir una respuesta.

Eres capaz de obtener y almacenar mucha más información

Contar con habilidades psíquicas y espirituales ayuda a acceder a información de que otra forma nunca podrías conocer. Puede que hayas fortalecido tus capacidades de leer la mente y las emociones de las personas, o de acceder a universos superiores que albergan en ellos mucha más información que influye en nuestras vidas.

El desarrollo de estas capacidades vuelve más sencillo intercambiar datos entre las dimensiones espirituales y terrenales, porque se ha desarrollado un camino de acceso directo a nuevas fuentes de información. Gracias a la comunicación mental se pueden intercambiar datos de diferentes fuentes, incluyendo sonidos, imágenes o cualquier otra cosa que se pueda pensar o imaginar (que llegue a tu mente), lo que a su vez posibilita el intercambio de otras maneras de obtener información que todavía no llegamos a conocer.

Esto se debe a que las tendencias actuales de comunicación han limitado la experiencia humana, debido a que la cantidad de datos que se pueden comunicar a través del lenguaje que tenemos actualmente no es proporcional a todo lo que sentimos y podríamos comunicar. La comunicación mental representa una oportunidad para que, de manera global, se mejoren estas capacidades de comunicación y así, se obtenga información más certera y relevante.

Cuentas con vibraciones más elevadas

. . .

Naturalmente incrementarás tus vibraciones cuando incrementes tus habilidades de claridad, porque comenzarás a meditar más, y esto te permitirá acceder a todo lo que existe y se alimenta de energía. Como hemos visto, el cosmos es una gran fuente de energía que fluye dentro de todo lo que existe, por tanto, la meditación te conectará con el cosmos.

Las vibraciones son energía que se encuentra dentro de un espectro específico y que pueden clasificarse en dos grandes categorías: las inferiores o bajas, dentro de una frecuencia densa asociada a emociones y sentimientos negativos o no benéficos, y las superiores o elevadas, asociadas a frecuencias que se relacionan con emociones y sentimientos benéficos y positivos.

En esta frecuencia elevada habitan los seres superiores que hemos intentado alcanzar a lo largo de este libro, como almas y guías espirituales. Un estado de vibraciones elevadas construidas a partir de la meditación te permite conectar con estos seres y con la conciencia colectiva que pertenece al universo. Así, te vinculas también con el beneficio de acceder a información proporcionada por espíritus de alto rango como ángeles, guías espirituales, maestros expertos y hasta deidades.

. . .

Este tipo de habilidades, como lo sabes, se desarrolla bajo procesos de meditación diaria que permitan establecer una mentalidad adecuada y continuar perfeccionando las capacidades espirituales y psíquicas. Meditar es un buen camino para llegar a vibraciones elevadas necesarias para acceder a todo este tipo de beneficios, además de que permite abrir los portales psíquicos existentes dentro de ti.

Practicar la meditación es acercarte al extremo superior del espectro de energía cósmica, lo que se traducirá en una mayor habilidad al momento de utilizar tus dones.

Incrementa tu capacidad de abrir tus centros de energía

Esta parte se refiere al uso de los chakras que, como hemos mencionado antes, se encuentran en diferentes partes del cuerpo y son centros de energía que sirven como portales a través de los que la energía fluye dentro del cuerpo.

No hay nada más benéfico para la salud física, mental, emocional y espiritual que tener los chakras abiertos. Esta apertura también permite desarrollar tus habilidades psíquicas, por lo que es importante que también haya un balance dentro de ellos, para lograr comunicarte con los seres espirituales y ser capaz de comprender sus mensajes.

Los chakras se relacionan directamente con los portales psíquicos. El chakra del plexo solar, por ejemplo, es el chakra con más influencia para las habilidades clarisentientes, por lo que su salud es vital para lograr sentir los pensamientos, emociones y necesidades de otras personas por medios psíquicos. Sin las habilidades de claridad, nunca serías capaz de comunicarte con los otros mundos o, al menos, sería un proceso sumamente difícil.

Abrir portales no se logra sin antes abrir de manera completa tus chakras y, aun así, debes asegurarte de mantenerlos abiertos y en balance en todo momento, excepto claro, cuando quieras cerrarlos para tener momentos de descanso. La meditación es la base de todos estos procesos de apertura y balance.

Meditar es vital para lograr abrir los chakras, mantenerlos saludables, cerrarlos e incluso para centrar tu atención en un chakra más que en cualquier otro. El flujo de energía de tu cuerpo físico se regula por medio de estos centros de energía, y esto te permite entrar en contacto directo con la fuente de energía cósmica, que es un gran beneficio para ti en todos los sentidos.

Logras ser mucho más consciente de ti mismo/a

Al igual que con muchas de las habilidades espirituales, los dones psíquicos ayudan a mejorar tu propia consciencia mediante procesos de autodescubrimiento, además de que te ayudan a ser más consciente de otras personas. Estas habilidades espirituales y mentales desarrolladas te presentan la oportunidad de dotar a tus acciones de un significado mucho mayor, relacionándolo con las emociones que habitan lo más profundo de tu ser.

Claro que es posible lograr el autodescubrimiento por muchos medios distintos, pero el uso de tus dones facilita de una manera asombrosa este proceso, porque el saber psíquico requiere que estés en sintonía con tu conciencia y tu energía, requisito que también es necesario para comenzar a descubrirte a ti mismo/a y ser más consciente. Esto te ayudará a tener más confianza en tu persona, porque te conoces realmente y a profundidad, sabes todas tus capacidades y también puedes trabajar en tus límites.

. . .

Por otro lado, entender de manera integral quién eres, te permite descubrir tu propósito en el mundo, y el saber esta valiosa información te empuja a desempeñarte con mayor seguridad desde una ruta de acción clara y definida.

Un beneficio más es que serás capaz evitar obstáculos y alejarte de personas que te afectan negativamente (consciente o inconscientemente), pues ahora tendrás la capacidad de entender lo que siente esa persona respecto a ti y, al mismo tiempo, podrás escuchar lo tus guías espirituales piensan al respecto de tratarse de una decisión importante. Entonces, también has desarrollado una forma de validar tus presentimientos e instintos.

Eres completamente capaz de recibir mensajes espirituales

La meditación, además de permitirte sentirte listo/a para así utilizar tus habilidades psíquicas, es un proceso que te permite llevar a tu mente a un estado de paz y tranquilidad. El objetivo de la meditación es despertar y mejorar tus habilidades, así que, con base en esto, tienes que calmar tu mente para lograr recibir los mensajes que la energía del universo va a enviarte.

· · ·

Para comunicarte con tus guías espirituales, seguir este mismo proceso es sumamente importante. Debes acercarte a un estado mental adecuado para permitir que la comunicación espiritual funcione de forma adecuada. Los mensajes que lleguen a ti pueden presentarse como advertencias, respuestas sencillas, sensaciones, instrucciones y muchas cosas más, por lo que debes mantenerte atento/a.

Meditar es una buena manera de reducir la interferencia y las distracciones, para así poder entender los mensajes del universo con una mayor facilidad. Una meditación regular incrementará tu capacidad de comunicación con esta energía, debes dejar ir tu necesidad por controlarlo todo, por lo que practicar la meditación es también un método efectivo para conectar con tu espíritu y llegar a una buena comunicación con las fuerzas superiores: si tu mente se encuentra en un estado caótico, no te será posible intercambiar información, ya que el mensaje se podría interrumpir o tal vez no serías capaz de encontrarle un significado.

Tienes la oportunidad de explorar otras dimensiones

Establecer una conexión con los espíritus te permite a su vez abrirte a la posibilidad de explorar por completo el reino espiritual, que es una nueva y desconocida dimensión. Un estado de conciencia elevada permite que explores lugares a los que no cualquiera puede acceder y que definitivamente no son compatibles con los cuerpos físicos. Tu alma es capaz de llegar a rincones del universo desconocidos, además de a otras dimensiones donde tendrás acceso a información sumamente importante.

También, este proceso te abre puertas para conocer fuentes de energía superiores, como ángeles, maestros expertos y guías espirituales, pero además permite la bella y emotiva experiencia de comunicarte con tus ancestros fallecidos y la gente que te amó en vida.

Mejoras de manera efectiva tus relaciones personales

Como mencionamos, un mejor entendimiento de tu persona también te permite comunicar con facilidad tus necesidades y deseos. Esta mejora también permite una comunicación efectiva con otras personas, enfrentando menos obstáculos para entrar en sintonía con la gente que te importa. Pero esto no solo aplica a las personas, sino que también es cierto para tus relaciones con seres sensibles, como lo son las plantas y los animales.

Conclusión

Puedes encontrar en tu vida cotidiana diferentes señales que indicarán tu capacidad innata de médium, como por ejemplo sentir los cambios de energía presentes en un lugar determinado, identificar cambios de temperatura o en la densidad del aire sin razón aparente, así como detectar de manera intuitiva la presencia de seres no visibles: todo esto denota que podrías tener dentro de ti esta habilidad, ya que son señales de espíritus presentes.

Hay otras señales, como la capacidad de ver imágenes o escuchar mensajes sin tener cerca un origen físico de éstos, así como el lograr ver bajo la periferia de tu mirada señales que para otras personas son sombras o trucos mentales: tu mente detecta anomalías que la mente humana generalmente no considera lo suficientemente importantes como para ponerles atención, lo que denota

Conclusión

una gran facilidad de comunicación con el mundo espiritual.

El propósito de estos mensajes es ayudarte a ti, así como ayudar a las personas que se encuentren cerca, porque los espíritus siempre desean lo mejor para los seres amados que aún se encuentran dentro del plano terrenal.

Fortalecer tus habilidades de médium te permitirá ayudar a muchas personas, que podrías o no conocer. La meditación, por ejemplo, te permite mejorar tus habilidades, y el rezar rituales adecuados mejora los procesos de comunicación con espíritus. Una vez que comiences a desarrollar estas habilidades, siempre podrás pedir ayuda y asesoramiento a los espíritus, con el objetivo de comprender sus mensajes y poderlo comunicar a aquellas personas que tienen la necesidad de escucharlos.

Todos los médiums cuentan con al menos un guía espiritual con quien se pueden comunicar y relacionar, por lo que es importante fortalecer la relación con tu guía a través de conversaciones frecuentes, hablando de las cosas que te suceden en el día, de tus pensamientos y deseos, sin importar que te parezca todo o ridículo. Puedes incluso hacer preguntas para después detenerte a intentar escuchar o identificar la respuesta que se te brinda.

Conclusión

Incluso, estos procesos de comunicación no deben limitarse a un trabajo como médium o a la ayuda específica de alguna persona; es bueno simplemente detenerte a platicar con tu guía espiritual, porque te regala una sensación de compañía, amor, apoyo y cuidado. Recuerda la importancia de preguntar su nombre y datos sobre su identidad.

Comunicarte con espíritus es, más allá de cualquier otra cosa, una misión de amor, un proceso empático y comprensivo que busca ayudar a otras personas a llegar a las respuestas que tanto necesitan. Es una habilidad otorgada para hacer el bien, por lo que no tengas miedo, ¡Serás un/a gran médium!